PDA Autismus für Lehrer

Ein praktischer Leitfaden für Pädagogen zum
Eingehen, Verstehen und Kommunizieren mit
Schülern mit pathologischer
Forderungsvermeidung

Johanna Burrows

Inhaltsverzeichnis

Einführung

Der Weg zum Verständnis und zur effektiven Unterstützung von Personen mit Pathological Demand Vermeidung (PDA) ist für Pädagogen sowohl aufschlussreich als auch von entscheidender Bedeutung. Wenn wir uns mit der Komplexität dieses speziellen Autismus-Subtyps befassen, wird deutlich, dass ein differenzierter und maßgeschneiderter Ansatz erforderlich ist, um eine integrative und erfolgreiche Lernumgebung zu schaffen. Ziel dieses Buches ist es, Pädagogen durch die vielfältigen Aspekte des PDA zu führen und praktische Einblicke, Strategien und Ressourcen bereitzustellen, um ihre Fähigkeit zu verbessern, auf Schüler mit PDA-Merkmalen einzugehen, sie zu verstehen und mit ihnen zu kommunizieren.

Pathologische Nachfragevermeidung (PDA) verstehen

Pathologische Forderungsvermeidung (PDA) ist ein charakteristisches und komplexes Profil innerhalb des Autismus-Spektrums, das durch eine extreme Abneigung gegen alltägliche Anforderungen und Wünsche gekennzeichnet ist. Für Pädagogen ist es von entscheidender Bedeutung, die Nuancen der PDA zu verstehen, um eine wirksame Unterstützung zu ermöglichen. PDA-Personen zeigen ein angstbedingtes Bedürfnis, externen Anforderungen zu widerstehen und diese zu vermeiden, was zu Herausforderungen in verschiedenen Lebensbereichen, einschließlich Bildung, führt. Die Untersuchung der diagnostischen Kriterien und klinischen Merkmale ist für die Erkennung von PDA-Verhalten von grundlegender Bedeutung.

Darüber hinaus wirft die Untersuchung der psychologischen Grundlagen von PDA Licht auf die inneren Kämpfe, mit denen Einzelpersonen konfrontiert sind. Das Zusammenspiel von Angstzuständen, Kontrollproblemen und sozialen Schwierigkeiten trägt zu den einzigartigen Verhaltenserscheinungen bei, die bei PDA beobachtet werden. Pädagogen gewinnen wertvolle Einblicke in die interne Landschaft von PDA-Personen und ermöglichen es ihnen, Interaktionen mit Empathie und einem tieferen Verständnis anzugehen.

Die Aufklärung der Unterscheidung zwischen PDA und anderen Autismus-Subtypen ist für eine genaue Identifizierung von entscheidender Bedeutung. Durch die Untersuchung der Überschneidungen und Unterscheidungsmerkmale können Pädagogen ihre Beobachtungsfähigkeiten verfeinern und so die Früherkennung und gezielte Intervention erleichtern. Die Erforschung komorbider Erkrankungen, die häufig mit

PDA einhergehen, wie z. B. Unterschiede in der sensorischen Verarbeitung, trägt zu einem ganzheitlichen Verständnis bei, das umfassende Unterstützungsstrategien beeinflusst.

Neben theoretischem Wissen sind praktische Strategien für den Umgang mit PDA-Verhalten im Klassenzimmer für Pädagogen von entscheidender Bedeutung. Dazu gehört die Schaffung einer Umgebung, die Auslöser minimiert, und die Implementierung effektiver Kommunikationstechniken. Einblicke in die Bedeutung von Routine und Vorhersehbarkeit für PDA-Personen helfen Pädagogen bei der Strukturierung von Lernerfahrungen, die ein Gefühl der Sicherheit fördern und Ängste reduzieren.

Bedeutung von Pädagogen bei der PDA-Unterstützung

Pädagogen spielen eine zentrale Rolle bei der Unterstützung und Entwicklung von Schülern mit PDA. Pädagogen sind sich der einzigartigen Herausforderungen bewusst, mit denen diese Personen konfrontiert sind, und tragen maßgeblich zur Schaffung einer positiven und integrativen Lernumgebung bei. Die Bedeutung dieser Rolle geht über die akademischen Leistungen hinaus und umfasst das allgemeine

Wohlbefinden und die soziale Integration der PDA-Studenten.

Einer der wichtigsten Beiträge von Pädagogen ist die Früherkennung von PDA-Merkmalen. Indem Pädagogen auf subtile Hinweise und Verhaltensschwankungen achten, können sie zeitnahe Beurteilungen und Interventionen einleiten und so verhindern, dass potenzielle Herausforderungen eskalieren. Dieses frühe Eingreifen wirkt sich erheblich auf den Verlauf der Bildungserfahrung eines PDA-Studenten aus und legt den Grundstein für den zukünftigen Erfolg.

Die Schaffung einer unterstützenden Unterrichtsumgebung ist ein Eckpfeiler einer effektiven PDA-Unterstützung, und Pädagogen stehen bei diesem Unterfangen an vorderster Front. Durch das Verständnis der sensorischen Empfindlichkeiten und Vorlieben von PDA-Personen können Pädagogen den physischen Raum und die Lernmaterialien so anpassen, dass Stress minimiert und das Engagement gefördert wird. Diese Anpassungsfähigkeit fördert das Zugehörigkeits- und Sicherheitsgefühl, das für das Wohlbefinden der PDA-Schüler unerlässlich ist.

Im Bereich der Kommunikation sind Pädagogen der Schlüssel zur Entwicklung effektiver Interaktionsstrategien. Eine klare und konsistente

Kommunikation, gepaart mit einem Bewusstsein für nonverbale Hinweise, schafft eine Umgebung, in der sich PDA-Schüler verstanden und unterstützt fühlen. Pädagogen fungieren als Vorbilder und prägen positive Kommunikationsmuster, die sich über das Klassenzimmer hinaus auf soziale Interaktionen und das tägliche Leben erstrecken.

Individualisierte Bildungspläne (IEPs), die auf die spezifischen Bedürfnisse von PDA-Studenten zugeschnitten sind, stützen sich stark auf das Fachwissen der Pädagogen. Durch die Zusammenarbeit mit anderen Fachkräften, Betreuern und Spezialisten tragen Pädagogen zur Entwicklung gezielter Ziele und Anpassungen bei. Regelmäßige Überwachung und Anpassung dieser Pläne gewährleisten kontinuierliche Unterstützung und Weiterentwicklung und unterstreichen die dynamische Rolle, die Pädagogen bei der Gestaltung des Bildungswegs von PDA-Studenten spielen.

Über den akademischen Bereich hinaus tragen Pädagogen aktiv zur sozialen Entwicklung von PDA-Personen bei. Die Erleichterung der Interaktion mit Gleichaltrigen, die Förderung der Inklusion und die Förderung des Verständnisses unter Klassenkameraden sind wesentliche Bestandteile der Schaffung eines unterstützenden sozialen Umfelds. Pädagogen werden zu Verfechtern der sozialen Integration, indem sie

Stereotypen in Frage stellen und eine Kultur der Akzeptanz innerhalb der Schulgemeinschaft fördern.

Kapitel 1

Überblick über Autismus-Spektrum-Störungen

Autismus-Spektrum-Störungen (ASD) stellen ein vielfältiges Spektrum neurologischer Entwicklungsstörungen dar, die durch Herausforderungen in der sozialen Kommunikation und sich wiederholende Verhaltensweisen gekennzeichnet sind. Für Pädagogen ist es wichtig, das breitere Spektrum zu verstehen, um auf die individuellen Bedürfnisse von Schülern mit unterschiedlichen Profilen eingehen zu können.

Unterscheidung zwischen PDA und anderen Autismus-Subtypen

Innerhalb des breiten Spektrums von Autismus treten verschiedene Subtypen auf, von denen jeder seine eigenen Merkmale und Herausforderungen aufweist. PDA, ein vergleichsweise weniger bekannter Subtyp, zeichnet sich durch eine ausgeprägte Vermeidung von Forderungen und Bitten aus. Um PDA von anderen Autismus-Subtypen zu unterscheiden, ist ein differenziertes Verständnis sowohl der gemeinsamen als auch der charakteristischen Merkmale erforderlich.

Autismus als Spektrum umfasst eine Reihe von Erkrankungen, darunter unter anderem das Asperger-Syndrom, die Desintegrationsstörung im Kindesalter und die tiefgreifende Entwicklungsstörung – nicht anders angegeben (PDD-NOS). Obwohl PDA einige übergeordnete Merkmale mit diesen Subtypen gemeinsam hat, zeichnet sie sich durch ihre spezifische Reaktion auf Anforderungen aus. PDA-Personen zeigen eine extreme Abneigung und Resistenz gegenüber externen Anfragen, was sie von Menschen mit anderen Autismusprofilen unterscheidet.

Das Erkennen der Verhaltensnuancen ist für Pädagogen von entscheidender Bedeutung, die eine maßgeschneiderte Unterstützung anbieten möchten. PDA-Personen zeigen häufig soziale Herausforderungen, die für ASD typisch sind, wie z. B. Schwierigkeiten mit sozialen Hinweisen und der Aufrechterhaltung von Beziehungen. Das entscheidende Merkmal liegt jedoch in ihrer Reaktion auf Anforderungen, bei der angstbedingte Vermeidung im Mittelpunkt steht. Dieser einzigartige Aspekt erfordert, dass Pädagogen auf die spezifischen Auslöser eingestellt sind, die Vermeidungsverhalten hervorrufen, um gezielte Interventionen und Unterstützung zu ermöglichen.

Darüber hinaus ist es von entscheidender Bedeutung, den Entwicklungsverlauf von PDA im Vergleich zu anderen Autismus-Subtypen zu verstehen. PDA ist oft durch einen ausgeprägten Entwicklungsverlauf gekennzeichnet, wobei einige Personen Verzögerungen beim Erwerb von Sprach- und Motorikfähigkeiten aufweisen. Pädagogen müssen sich dieser Entwicklungsunterschiede bewusst sein, um geeignete Strategien umzusetzen und optimale Lernerfahrungen zu fördern.

Im pädagogischen Umfeld erfordert die Unterscheidung von PDA von anderen Autismus-Subtypen die Zusammenarbeit mit Spezialisten und Fachleuten. Diagnostische Beurteilungen, die den Input von Psychologen, Logopäden und Ergotherapeuten einbeziehen, helfen bei der genauen Identifizierung. Die Zusammenarbeit geht über die Diagnose hinaus und umfasst eine kontinuierliche Kommunikation, um Unterstützungsstrategien an die sich entwickelnden Bedürfnisse des Schülers anzupassen.

Gemeinsame Merkmale von ASD

Während PDA einzigartige Merkmale aufweist, gibt es gemeinsame Merkmale, die das breitere Spektrum der Autismus-Spektrum-Störungen gemeinsam hat. Ein umfassendes Verständnis dieser gemeinsamen Merkmale ist für Pädagogen von grundlegender Bedeutung und bietet einen Rahmen für integrative Praktiken und gezielte Unterstützung.

- **Soziale Herausforderungen:** Menschen mit ASD haben häufig Schwierigkeiten in der sozialen Interaktion. Herausforderungen können sich in eingeschränktem Blickkontakt, Schwierigkeiten beim Verstehen sozialer Signale und Schwierigkeiten mit der Gegenseitigkeit in der Kommunikation äußern. Pädagogen spielen eine entscheidende Rolle bei der Schaffung eines integrativen Umfelds, das die Entwicklung sozialer Kompetenzen fördert und positive Interaktionen mit Gleichaltrigen unterstützt.

- **Wiederholtes Verhalten:** Wiederkehrende Verhaltensweisen, einschließlich Rituale, Routinen und spezifische Interessen, sind charakteristische Merkmale von ASD. Diese Verhaltensweisen dienen als Bewältigungsmechanismen und Möglichkeiten zur Selbstregulierung. Pädagogen können dieses Wissen nutzen, um strukturierte und vorhersehbare Lernumgebungen zu schaffen, die den Vorlieben der Schüler im Spektrum entsprechen.

- **Sensorische Empfindlichkeiten:** Unterschiede in der sensorischen Verarbeitung sind bei ASS weit verbreitet und beeinflussen die Art und Weise, wie Einzelpersonen sensorische Reize wahrnehmen und darauf reagieren. Sensorische Empfindlichkeiten können sich als Überempfindlichkeit oder Unterempfindlichkeit gegenüber Reizen wie Licht, Geräuschen oder Berührung äußern. Pädagogen profitieren davon, diese sensorischen Bedürfnisse zu erkennen und zu berücksichtigen, sensorische Räume zu schaffen und die Lehrmethoden entsprechend anzupassen.

- **Kommunikationsunterschiede:** Sprach- und Kommunikationsprobleme sind bei ASD häufig und reichen von verzögertem Spracherwerb bis hin zu Schwierigkeiten beim Verstehen nonverbaler Kommunikation. Pädagogen spielen eine entscheidende Rolle bei der Unterstützung der Kommunikationsentwicklung durch gezielte Interventionen, unterstützende Kommunikationsinstrumente und die Förderung einer kommunikativen und integrativen Unterrichtskultur.

- **Inflexibilität und Widerstand gegenüber Veränderungen:** ASD geht oft mit einer Vorliebe für Gleichheit und Widerstand gegen Veränderungen in der Routine einher. Pädagogen können Herausforderungen im Zusammenhang mit Inflexibilität abmildern, indem sie visuelle Zeitpläne bereitstellen, klare Übergänge anbieten und schrittweise Änderungen einführen. Das Verständnis der Rolle der Routine im Leben von Menschen mit ASD trägt zu einer angenehmeren Lernumgebung bei.

- **Stärken und besondere Talente:** Das Erkennen und Nutzen der Stärken und besonderen Talente von Menschen mit ASD ist ein wesentlicher Bestandteil einer wirksamen Unterstützung. Auch wenn es Herausforderungen gibt, sind viele Menschen mit ASD in bestimmten Bereichen wie Mathematik, Musik oder bildenden Künsten besonders erfolgreich. Pädagogen können Möglichkeiten schaffen, diese Talente zur Schau zu stellen und weiterzuentwickeln und so einen auf Stärken basierenden Bildungsansatz zu fördern.

Kapitel 2

Identifizieren von PDAs im Klassenzimmer

Die Identifizierung pathologischer Nachfragevermeidung (PDA) im Klassenzimmer ist eine differenzierte und entscheidende Aufgabe für Pädagogen.

Erkennen von PDA-Verhalten

Das Erkennen von PDA-Verhalten erfordert eine genaue Beobachtung, wie Schüler im Unterrichtskontext auf Anforderungen und Wünsche reagieren. Einer der Schlüsselindikatoren ist ein starkes und unverhältnismäßiges Maß an Angst und Widerstand gegenüber Anforderungen. Im Gegensatz zu anderen Autismus-Subtypen weisen Personen mit PDA ein ausgeprägtes Muster auf, Aufgaben aktiv zu vermeiden und oft große Anstrengungen zu unternehmen, um sich der Befolgung von Anweisungen zu widersetzen.

Im Klassenzimmer bemerken Pädagogen möglicherweise ein durchgängiges Thema des Verhandelns und Manipulierens als Reaktion auf Anforderungen. PDA-Personen wenden möglicherweise ausgefeilte Taktiken an, um Anfragen zu umgehen, einschließlich Ablenkung, Trotz oder der Präsentation alternativer Lösungen. Dieser manipulative Aspekt, der durch Angst und das Bedürfnis nach Kontrolle getrieben wird, unterscheidet PDA von anderen Autismus-Subtypen und unterstreicht, wie wichtig es ist, die nuancierte Natur dieser Verhaltensweisen zu erkennen.

Ein weiteres Merkmal des PDA-Verhaltens ist die Variabilität der Reaktionen. Während einige Forderungen extremen Widerstand hervorrufen können, könnten sich Personen mit PDA bereitwillig auf ähnliche Aktivitäten einlassen, wenn sie als Entscheidungen formuliert oder in einer weniger direktiven Art und Weise präsentiert werden. Diese Flexibilität in der Reaktionsfähigkeit unterstreicht die Komplexität des PDA-Verhaltens und unterstreicht die Notwendigkeit für Pädagogen, ihren Ansatz an individuelle Vorlieben und Auslöser anzupassen.

Darüber hinaus sollten Pädagogen auf die Rolle der Vermeidung sozialer Nachfrage achten. PDA-Personen vermeiden möglicherweise aktiv soziale Interaktionen, die Erwartungen oder Wünsche beinhalten, was zu Herausforderungen beim Aufbau und der Aufrechterhaltung von Beziehungen führt. Diese soziale Vermeidung, gepaart mit angstbedingten Reaktionen, kann sich auf die gesamte Dynamik im Klassenzimmer auswirken und erfordert einen unterstützenden und verständnisvollen Ansatz seitens der Pädagogen.

Darüber hinaus erfordert die Identifizierung von PDA-Verhaltensweisen das Erkennen der Rolle von Angst bei der Vermeidung von Autofahren. PDA-Personen verspüren oft ein erhöhtes Angstniveau, wenn sie mit Anforderungen konfrontiert werden, und diese Angst kann sich auf verschiedene Weise äußern, einschließlich Zusammenbrüchen, körperlichen Symptomen oder Entzug. Pädagogen sollten in der Lage sein, zwischen typischen Stressreaktionen und solchen, die auf PDA hinweisen, zu unterscheiden und gezielte Interventionen zur Linderung von Angstzuständen und zur Schaffung einer förderlicheren Lernumgebung zu ermöglichen.

Frühe Anzeichen und Warnsignale

Die frühzeitige Erkennung von PDA ist von entscheidender Bedeutung für die Umsetzung rechtzeitiger Interventionen und die Förderung positiver Ergebnisse für Studierende. Das Verständnis der ersten Anzeichen und Warnsignale ermöglicht es Pädagogen, Beurteilungen einzuleiten und mit Spezialisten zusammenzuarbeiten, um maßgeschneiderte Unterstützungsstrategien zu entwickeln.

In den frühen Stadien können sich subtile Anzeichen als Schwierigkeiten beim Übergang zwischen Aktivitäten oder als Widerstand gegen Änderungen in der Routine äußern. PDA-Personen bevorzugen oft Gleichheit und Vorhersehbarkeit, und Abweichungen von etablierten Routinen können erhöhte Angst und Vermeidungsverhalten hervorrufen. Pädagogen sollten sich auf diese frühen Anzeichen einstellen und Strategien umsetzen, die schrittweise Veränderungen herbeiführen und bei Übergängen Unterstützung bieten.

Schwierigkeiten bei der sozialen Interaktion sind ein weiteres Warnsignal für PDAs. Während soziale Herausforderungen im gesamten Autismus-Spektrum üblich sind, können PDA-Personen ein einzigartiges Muster aufweisen, soziale Anforderungen vollständig zu vermeiden. Zu den ersten Anzeichen können eine Zurückhaltung bei der Teilnahme an Gruppenaktivitäten, eingeschränkter Augenkontakt und Schwierigkeiten beim Verstehen oder Reagieren auf soziale Signale gehören. Pädagogen können die soziale Entwicklung fördern, indem sie integrative Umgebungen schaffen, die ein schrittweises soziales Engagement und den Aufbau von Vertrauen bei PDA-Schülern ermöglichen.

Sprachverzögerungen und atypische Kommunikationsmuster können ebenfalls als

Frühindikatoren für PDA dienen. Während PDA-Personen möglicherweise über unterschiedliche Sprachfähigkeiten verfügen, können einige Verzögerungen bei den Ausdrucks- oder Aufnahmefähigkeiten der Sprache aufweisen. Es kann ein inkonsistenter Sprachgebrauch beobachtet werden, etwa das Vermeiden direkter Anfragen oder das Antworten mit Skriptsprache. Um die Sprachentwicklung und Kommunikationsfähigkeiten zu unterstützen, ist eine frühzeitige Intervention durch Sprech- und Sprachspezialisten unerlässlich.

Darüber hinaus sollten Pädagogen auf sensorische Empfindlichkeiten als potenzielle Warnsignale achten. PDA-Personen können eine erhöhte Empfindlichkeit gegenüber Sinnesreizen wie Licht, Geräuschen oder Texturen aufweisen. Frühe Anzeichen können Abneigungen gegen bestimmte Sinneserfahrungen oder die Suche nach Sinneseindrücken auf unkonventionelle Weise sein. Die Schaffung einer sinnesfreundlichen Unterrichtsumgebung und die Bereitstellung sensorischer Pausen können entscheidend dazu beitragen, diese frühen Warnsignale zu bekämpfen.

Pädagogen spielen auch eine entscheidende Rolle bei der Zusammenarbeit mit Eltern und Betreuern, um Informationen über das Verhalten eines Schülers außerhalb des Klassenzimmers zu sammeln. Frühe

Anzeichen können sich zu Hause manifestieren, und ein umfassendes Verständnis des Verhaltens des Schülers in verschiedenen Umgebungen trägt zu einer genaueren Identifizierung von PDA bei. Eine offene Kommunikation mit den Eltern ermöglicht einen ganzheitlichen Unterstützungsansatz und eine Abstimmung der Strategien zwischen Zuhause und Schule.

Kapitel 3

Eine unterstützende Unterrichtsumgebung schaffen

Die Schaffung einer unterstützenden Unterrichtsumgebung ist für den Bildungserfolg und das Wohlbefinden von Schülern mit pathologischer Nachfragevermeidung (PDA) von grundlegender Bedeutung.

Maßgeschneiderte Lernräume für PDA-Studenten

Die Gestaltung eines Lernraums, der den individuellen Bedürfnissen von PDA-Schülern gerecht wird, ist eine vielschichtige Aufgabe, bei der die physische Gestaltung, die Organisation und die Gesamtatmosphäre des Klassenzimmers berücksichtigt werden müssen. Pädagogen erkennen den Einfluss von Umweltfaktoren auf das Angstniveau von PDA-Personen und können einen Raum schaffen, der Auslöser minimiert und ein Gefühl der Sicherheit fördert.

Erstens sollte bei der räumlichen Gestaltung des Klassenzimmers Flexibilität und Vorhersehbarkeit im

Vordergrund stehen. PDA-Personen profitieren häufig von einer konsistenten und strukturierten Umgebung, in der die Anordnung von Schreibtischen, Sitzgelegenheiten und Lernmaterialien relativ stabil bleibt. Visuelle Zeitpläne und klare Routinen tragen zu einem Gefühl der Vorhersehbarkeit bei und tragen dazu bei, Ängste im Zusammenhang mit unerwarteten Veränderungen zu reduzieren.

Durch die Schaffung ausgewiesener Bereiche innerhalb des Klassenzimmers für Einzelarbeit, Gruppenaktivitäten und Ruhebereiche können PDA-Schüler die Lernumgebung entsprechend ihren Vorlieben und Bedürfnissen navigieren. B. alternative Sitzmöglichkeiten oder eine bestimmte Ruheecke, ermöglicht es PDA-Personen, Räume auszuwählen, die ihrem Komfortniveau und ihren sensorischen Vorlieben entsprechen.

Die Einbeziehung visueller Hinweise und Unterstützungen im gesamten Unterricht unterstützt die Kommunikation und das Verständnis für PDA-Schüler. Visuelle Zeitpläne, Aufgabenlisten und Anleitungshinweise können für Klarheit und Struktur sorgen und Einzelpersonen dabei helfen, tägliche Aktivitäten vorherzusehen und zu steuern. Visuelle Unterstützung trägt auch zur Schaffung einer visuellen Umgebung bei, die der Präferenz für konkrete

Informationsverarbeitung entspricht, die häufig bei PDA-Personen beobachtet wird.

Darüber hinaus können Pädagogen Strategien implementieren, um sensorische Ablenkungen im Lernraum zu minimieren. Dies kann die Anpassung der Lichtverhältnisse, die Verwendung von Vorhängen oder Jalousien zur Steuerung des natürlichen Lichts und die Bereitstellung geräuschunterdrückender Kopfhörer oder ruhiger Ecken für Schüler umfassen, die eine Pause für die Sinne benötigen. Bei der Schaffung einer sinnesfreundlichen Umgebung müssen die individuellen Empfindlichkeiten und Vorlieben berücksichtigt werden, sodass eine Anpassung auf der Grundlage der einzigartigen Sinnesprofile der PDA-Schüler möglich ist.

Ebenso wichtig ist die Berücksichtigung der Unterrichtsatmosphäre bei der Gestaltung des Lernraums. Zur Pflege einer positiven und integrativen Unterrichtskultur gehört die Förderung des Verständnisses unter Gleichaltrigen und die Förderung des Zugehörigkeitsgefühls der PDA-Schüler. Pädagogen können dies erleichtern, indem sie Aktivitäten integrieren, die die Neurodiversität feiern, Empathie fördern und die gesamte Klasse über die besonderen Bedürfnisse ihrer PDA-Kollegen aufklären.

Die Zusammenarbeit mit PDA-Studenten bei der Gestaltung von Aspekten der Unterrichtsumgebung kann auch ihr Gefühl der Entscheidungsfreiheit und Kontrolle stärken. Die Suche nach Anregungen zu Sitzordnung, sensorischen Anpassungen und Präsentationen im Klassenzimmer ermöglicht es PDA-Personen, sich aktiv mit ihrer Lernumgebung auseinanderzusetzen, was zu einem Gefühl der Eigenverantwortung und des Komforts beiträgt.

Sensorische Überlegungen

Unterschiede in der sensorischen Verarbeitung sind ein wesentlicher Aspekt der PDA, und Pädagogen müssen sensorische Elemente innerhalb der Unterrichtsumgebung sorgfältig berücksichtigen, um einen unterstützenden Raum zu schaffen. Sensorische Überlegungen umfassen verschiedene Faktoren, darunter Beleuchtung, Geräusche, Texturen und den gesamten sensorischen Input. Das Verstehen und Ansprechen dieser sensorischen Aspekte trägt zu einer integrativeren und entgegenkommenderen Lernumgebung für PDA-Studenten bei.

Erstens spielen die Lichtverhältnisse eine entscheidende Rolle für das Sinneserlebnis von PDA-Personen. Einige reagieren möglicherweise empfindlich auf helles oder fluoreszierendes Licht, während andere möglicherweise von natürlichem Licht profitieren. Anpassbare Beleuchtungsmöglichkeiten, wie dimmbare Leuchten oder der Einsatz von Lampen, bieten Flexibilität, um auf individuelle Sinnesbedürfnisse einzugehen. Darüber hinaus kann die Schaffung spezieller Räume mit sanfterer Beleuchtung für ruhige Aktivitäten von Vorteil für PDA-Schüler sein, die helles Licht möglicherweise als überwältigend empfinden.

Hörempfindlichkeiten sind bei Menschen mit PDA weit verbreitet, sodass fundierte Überlegungen im Unterricht unerlässlich sind. Pädagogen können akustische Ablenkungen minimieren, indem sie lärmmindernde Maßnahmen wie Teppiche, Vorhänge oder Akustikpaneele einbauen. Durch die Bereitstellung von Kopfhörern oder Ohrstöpseln mit Geräuschunterdrückung als Option für PDA-Schüler können sie ihre Hörumgebung regulieren und die Reizüberflutung bei lauten Aktivitäten oder Übergängen reduzieren.

Bei der Gestaltung der Unterrichtsumgebung sollten auch strukturelle Empfindlichkeiten berücksichtigt werden. PDA-Personen haben möglicherweise Vorlieben oder Abneigungen gegenüber bestimmten Texturen, sowohl in Bezug auf Sitzmöbel als auch auf Unterrichtsmaterialien. Das Anbieten von Alternativen wie Zappelwerkzeugen, strukturierten Sitzkissen oder

der Bereitstellung verschiedener Schreibgeräte berücksichtigt unterschiedliche sensorische Vorlieben und fördert Komfort und Engagement.

Die Einbeziehung sensorischer Pausen in den Tagesplan ist eine wertvolle Strategie zur Bewältigung sensorischer Empfindlichkeiten. Diese Pausen ermöglichen es PDA-Schülern, ihre sensorischen Reize zu regulieren, um Reizüberflutungen vorzubeugen und das allgemeine Wohlbefinden zu fördern. Zu den sensorischen Pausen können Aktivitäten wie Dehnübungen, Tiefendrucktübungen oder der Zugang zu sensorischen Hilfsmitteln wie Stressbällen oder sensorischen Zappelgeräten gehören.

Temperatur und Luftzirkulation sind weitere sensorische Aspekte, die sich auf den Komfort von PDA-Personen auswirken können. Die Aufrechterhaltung einer angenehmen Temperatur im Klassenzimmer und die Gewährleistung einer ausreichenden Belüftung tragen zu einer angenehmen Sinnesumgebung bei. Die Berücksichtigung von Temperaturschwankungen und das Anbieten von Optionen wie Ventilatoren oder individueller Temperaturregelung fördert den sensorischen Komfort für PDA-Studenten.

Darüber hinaus sollten Pädagogen mit Ergotherapeuten und anderen Spezialisten zusammenarbeiten, um

Einblicke in die spezifischen sensorischen Bedürfnisse einzelner PDA-Schüler zu gewinnen. Sensorische Beurteilungen können zu personalisierten Strategien und Anpassungen führen, die auf die einzigartigen sensorischen Profile jedes Schülers zugeschnitten sind. Regelmäßige Kommunikation mit Eltern und Betreuern gewährleistet außerdem einen ganzheitlichen Ansatz bei der Berücksichtigung sensorischer Aspekte sowohl in der Schule als auch zu Hause.

Kapitel 4

Effektive Kommunikationsstrategien

Effektive Kommunikation ist ein Grundstein für den erfolgreichen Unterricht und die Unterstützung von Studierenden bei der Vermeidung pathologischer Nachfrage (PDA).

Klare Erwartungen kommunizieren

Die Kommunikation klarer Erwartungen ist für Menschen mit PDA von größter Bedeutung, um positive Interaktionen zu ermöglichen und Ängste zu minimieren. Klarheit und Vorhersehbarkeit in den Anweisungen tragen dazu bei, die Mehrdeutigkeit zu verringern, die Vermeidungsverhalten auslösen kann. Pädagogen sollten Erwartungen direkt und unkompliziert artikulieren, vage Formulierungen vermeiden und konkrete Details angeben.

Visuelle Hilfsmittel wie visuelle Zeitpläne, Aufgabenlisten und visuelle Hinweise sind leistungsstarke Werkzeuge zur Vermittlung klarer Erwartungen. PDA-Personen profitieren oft von visuellen Informationen, da sie eine greifbare und

strukturierte Darstellung von Aufgaben und Routinen
bieten. Durch die Einbeziehung visueller Hilfsmittel
verbessern Pädagogen das Verständnis, reduzieren
Ängste und fördern so eine förderlichere Lernumgebung.

Ebenso wichtig ist die Konsistenz der Kommunikation.
Pädagogen sollten sich um eine einheitliche Sprache,
Tonalität und Präsentation der Informationen bemühen.
Abrupte Veränderungen im Kommunikationsstil können
für PDA-Personen verunsichernd sein und zu erhöhter
Angst und Widerstand führen. Konsistente
Kommunikation schafft Vertrauen und Vorhersehbarkeit
und trägt zu einer positiveren und kollaborativeren
Unterrichtsdynamik bei.

Die Bereitstellung von Vorankündigungen und
Warnungen vor Übergängen oder Änderungen von
Aktivitäten ist eine proaktive Strategie zur Bewältigung
von Erwartungen. PDA-Personen können unerwartete
Übergänge als besonders herausfordernd empfinden, und
wenn sie im Vorfeld klare Signale geben, können sie sich
mental auf die bevorstehende Veränderung vorbereiten
und sich darauf einstellen. Dieser Ansatz minimiert
Überraschungen und trägt zu einem reibungsloseren
Übergang zwischen Aufgaben bei.

Darüber hinaus können Pädagogen soziale Geschichten
und Erzählungen nutzen, um Erwartungen

kontextualisiert und nachvollziehbar zu kommunizieren. Soziale Geschichten bieten eine strukturierte Möglichkeit, neue oder herausfordernde Situationen vorzustellen, und bieten Hinweise für angemessenes Verhalten und angemessene Reaktionen. Die Anpassung sozialer Geschichten an spezifische Anforderungen oder Erwartungen unterstützt PDA-Personen dabei, sich einfacher in sozialen und akademischen Szenarien zurechtzufinden.

Eine aktive Zusammenarbeit mit den Studierenden bei der Formulierung von Erwartungen wird gefördert. Durch die Einbeziehung von PDA-Personen in den Prozess erkennen Pädagogen deren Entscheidungsfreiheit und Präferenzen an und fördern so ein Gefühl der Kontrolle. Die gemeinsame Festlegung klarer Erwartungen schafft ein gemeinsames Verständnis und fördert eine kollaborative Lernumgebung, in der sowohl Lehrkräfte als auch Schüler zur Entwicklung von Unterrichtsnormen beitragen.

Feedback und Verstärkung spielen eine entscheidende Rolle bei der effektiven Kommunikation von Erwartungen. Positive Verstärkung für die Erfüllung von Erwartungen und konstruktives Feedback für Bereiche mit Verbesserungspotenzial bieten Orientierung und Motivation für PDA-Mitarbeiter. Rechtzeitiges und spezifisches Feedback verbessert ihr Verständnis der

Erwartungen und fördert eine positive Herangehensweise an das Lernen und Engagement.

Nonverbale Kommunikationstechniken

Nonverbale Kommunikation ist ein nuancierter und wirkungsvoller Aspekt der Interaktion, insbesondere für Personen mit PDA, die möglicherweise Schwierigkeiten bei der Verarbeitung verbaler Informationen haben.

Körpersprache und Mimik sind integrale Bestandteile der nonverbalen Kommunikation. Pädagogen sollten auf ihre eigene Körpersprache achten und sicherstellen, dass sie mit der beabsichtigten Botschaft übereinstimmt. Eine offene und zugängliche Haltung beizubehalten, Blickkontakt herzustellen und ausdrucksstarke Gesichtsausdrücke zu verwenden, erhöht die Klarheit nonverbaler Hinweise und erleichtert PDA-Personen ein besseres Verständnis.

Visuelle Unterstützung erstreckt sich auch auf die nonverbale Kommunikation, einschließlich der Verwendung von Gesten und visuellen Hinweisen. Das Einbeziehen von Gesten, die verbale Anweisungen ergänzen, kann das Verständnis verbessern und wichtige Punkte verstärken. Visuelle Hinweise, wie das Zeigen auf relevante Bilder oder die Verwendung von Symbolen, helfen dabei, Informationen visuell und konkret zu vermitteln und so den visuellen Verarbeitungsstärken von Personen mit PDA Rechnung zu tragen.

Die Konsistenz nonverbaler Hinweise ist für Personen mit PDA von entscheidender Bedeutung, da sie bei der Interpretation sozialer Situationen möglicherweise stark auf visuelle Informationen angewiesen sind. Pädagogen sollten sich um Konsistenz in ihrer nonverbalen Kommunikation bemühen und sicherstellen, dass Gesten, Ausdrücke und visuelle Hinweise kohärent und vorhersehbar bleiben. Diese Konsistenz trägt zu einem stabilen und verständlichen sozialen Umfeld bei.

Das Verständnis der Rolle von persönlichem Raum und Nähe ist für die nonverbale Kommunikation mit PDA-Personen von entscheidender Bedeutung. Manche Personen haben möglicherweise eine erhöhte Sensibilität für den persönlichen Raum, und Pädagogen sollten sich auf deren Komfortniveau einstellen. Ein respektvolles Bewusstsein für den persönlichen Raum trägt zu einem Gefühl der Sicherheit bei und minimiert potenzielle Ängste, die mit engen Interaktionen verbunden sind.

Visuelle Zeitpläne und Zeitpläne sind nach wie vor wertvolle Hilfsmittel in der nonverbalen Kommunikation. Diese visuellen Hilfsmittel bieten eine konkrete Darstellung des Tagesablaufs, erleichtern das

Verständnis und reduzieren Ängste im Zusammenhang mit dem Zeitmanagement. Rechtzeitige Aktualisierungen der visuellen Zeitpläne helfen auch dabei, PDA-Personen auf Übergänge und Änderungen in der Routine vorzubereiten.

Der Einsatz visueller Unterstützung für den emotionalen Ausdruck ist insbesondere in der nonverbalen Kommunikation von Vorteil. PDA-Personen haben möglicherweise Schwierigkeiten damit, Emotionen verbal zu erkennen und auszudrücken, aber visuelle Hilfsmittel wie Emotionsdiagramme oder Gesichtsausdrucksvisualisierungen bieten eine greifbare Möglichkeit, Emotionen zu vermitteln und zu verstehen. Die Förderung der Verwendung visueller Hilfsmittel zum emotionalen Ausdruck fördert eine effektive Kommunikation und das emotionale Wohlbefinden.

Die nonverbale Kommunikation erstreckt sich auf die breitere Klassenzimmerumgebung und umfasst den Einsatz von Farbe, Beleuchtung und visuellen Darstellungen. Die Schaffung eines visuell organisierten und anregenden Klassenzimmers verbessert das gesamte Lernerlebnis für Personen mit PDA. Die sorgfältige Berücksichtigung der visuellen Elemente im Klassenzimmer trägt zu einer positiven und unterstützenden Atmosphäre bei.

Kapitel 5

Positive Beziehungen aufbauen

Der Aufbau positiver Beziehungen ist das Herzstück eines effektiven Unterrichts und der Unterstützung von Schülern bei der Vermeidung pathologischer Nachfrage (PDA).

Vertrauen zu PDA-Studenten aufbauen

Der Aufbau von Vertrauen ist ein grundlegendes Element bei der Pflege positiver Beziehungen zu PDA-Studenten. Vertrauen ist der Grundstein für effektive Kommunikation, Zusammenarbeit und das allgemeine Wohlbefinden von Menschen mit PDA. Pädagogen erkennen die besonderen Herausforderungen, mit denen PDA-Personen konfrontiert sind, und können spezifische Strategien anwenden, um Vertrauen aufzubauen und eine unterstützende Lernumgebung zu schaffen.

Konsistenz ist ein Schlüsselfaktor beim Aufbau von Vertrauen bei PDA-Studenten. Konsistente Erwartungen, Kommunikationsstile und Reaktionen auf Verhaltensweisen tragen zu einer vorhersehbaren und sicheren Umgebung bei. PDA-Personen gedeihen oft in

Umgebungen, in denen sie konsistente Muster vorhersehen und sich darauf verlassen können, und Pädagogen können Vertrauen aufbauen, indem sie einen stabilen und zuverlässigen Ansatz beibehalten.

Für den Vertrauensaufbau ist es entscheidend, die individuellen Vorlieben und Empfindlichkeiten zu verstehen und zu respektieren. Pädagogen sollten auf die einzigartigen   Sinnesprofile, Kommunikationspräferenzen   und   sozialen Komfortzonen von PDA-Personen eingestellt sein. Die Achtung des persönlichen Freiraums, die Anerkennung sensorischer Bedürfnisse und die Anpassung des Kommunikationsstils an individuelle Vorlieben tragen zu einer positiven und vertrauensvollen Beziehung bei.

Durch die Bereitstellung von Wahlmöglichkeiten und Autonomie innerhalb der Lernumgebung werden PDA-Schüler befähigt und ein Gefühl der Kontrolle gefördert.   Indem   Pädagogen   sie   in Entscheidungsprozesse   im   Zusammenhang   mit Aufgaben, Aktivitäten oder Unterrichtsanordnungen einbeziehen, erkennen sie ihre Entscheidungsfreiheit an und tragen zum Aufbau von Vertrauen bei. Das Anbieten von Auswahlmöglichkeiten innerhalb angemessener Parameter vermittelt Respekt für ihre Autonomie und Individualität.

Effektive Kommunikation ist ein grundlegender Bestandteil des Vertrauensaufbaus. Eine klare und direkte Kommunikation, sowohl verbal als auch nonverbal, verbessert das Verständnis und reduziert Unklarheiten für PDA-Personen. Pädagogen sollten bestrebt sein, Informationen auf unkomplizierte Weise zu vermitteln und dabei visuelle Hilfsmittel und nonverbale Hinweise als Ergänzung zu verbalen Anweisungen zu verwenden. Die Schaffung einer kommunikationsreichen Umgebung fördert Vertrauen und positives Engagement.

Das Erkennen und Bestätigen von Emotionen spielt eine entscheidende Rolle beim Aufbau von Vertrauen bei PDA-Studenten. PDA-Personen können verstärkte emotionale Reaktionen erfahren, und Pädagogen können sie unterstützen, indem sie ihre Gefühle erkennen und bestätigen. Die Bereitstellung eines sicheren Raums für den emotionalen Ausdruck und die Bereitstellung geeigneter Bewältigungsstrategien tragen zu einer vertrauensvollen Beziehung bei.

Die Etablierung von Routinen und vorhersehbaren Strukturen in der Lernumgebung ist für den Aufbau von Vertrauen bei PDA-Studenten von Vorteil. Vorhersehbare Routinen schaffen ein Gefühl der Sicherheit, und Pädagogen können mit PDA-Personen zusammenarbeiten, um personalisierte Routinen zu entwickeln, die ihren Vorlieben entsprechen. Dieser kollaborative Ansatz trägt zu einer vertrauensvollen Beziehung bei, die auf gegenseitigem Verständnis basiert.

Darüber hinaus sollten Pädagogen Konflikte proaktiv ansprechen und lösen. Aufgrund von Missverständnissen oder Herausforderungen in der Kommunikation können Konflikte entstehen und eine zeitnahe und respektvolle Lösung ist entscheidend für die Aufrechterhaltung des Vertrauens. Offene Kommunikation, aktives Zuhören und die Bereitschaft, Perspektiven zu verstehen, tragen zur Lösung von Konflikten und zur Stärkung des Vertrauens bei.

Der Aufbau von Vertrauen geht über die individuellen Interaktionen hinaus und umfasst die breitere Klassenkultur. Die Förderung eines positiven und integrativen Unterrichtsumfelds, in dem sich alle Schüler wertgeschätzt und respektiert fühlen, trägt zum allgemeinen Vertrauen innerhalb der Lerngemeinschaft bei. Pädagogen spielen eine entscheidende Rolle bei der Modellierung integrativer Verhaltensweisen und der Förderung einer Kultur der Empathie und des Verständnisses.

Zusammenarbeit mit Eltern und Betreuern

Die Zusammenarbeit mit Eltern und Betreuern ist ein Eckpfeiler der ganzheitlichen Unterstützung von Schülern mit pathologischer Nachfragevermeidung (PDA).

Eine offene und proaktive Kommunikation ist für die Zusammenarbeit mit Eltern und Betreuern von grundlegender Bedeutung. Die Einrichtung klarer Kommunikationskanäle, wie regelmäßige Updates, Newsletter oder Eltern-Lehrer-Konferenzen, bietet eine Plattform für den Austausch von Informationen über die Fortschritte, Herausforderungen und Erfolge eines Schülers. Offene Kommunikationswege tragen zu einem kollaborativen Ansatz bei der Unterstützung von PDA-Personen bei.

Einblicke in die häusliche Umgebung zu gewinnen ist entscheidend, um das Gesamtbild der Erfahrungen eines PDA-Schülers zu verstehen. Pädagogen sollten sich aktiv über die individuellen Strategien und Vorkehrungen informieren, die zu Hause gut funktionieren, sowie über etwaige Herausforderungen oder Bedenken, die von Eltern und Betreuern geäußert werden. Dieser kollaborative Ansatz stellt die

Abstimmung zwischen den Unterstützungsstrategien zu Hause und in der Schule sicher.

Das Teilen von Bildungszielen und -strategien mit Eltern und Betreuern fördert einen einheitlichen und konsistenten Unterstützungsansatz. Durch gemeinsame Zielsetzungssitzungen können Pädagogen den Input von Eltern und Betreuern einholen und so sicherstellen, dass die akademischen und verhaltensbezogenen Ziele die ganzheitlichen Bedürfnisse und Wünsche der PDA-Schüler widerspiegeln. Dieses gemeinsame Engagement trägt zu einem kohärenten und effektiven Unterstützungsplan bei.

Die Bereitstellung von Ressourcen und Informationen für Eltern und Betreuer trägt wesentlich dazu bei, ihr Verständnis von PDA zu verbessern. Pädagogen können relevante Materialien, empfohlene Lektüre und Informationen zu Workshops oder Selbsthilfegruppen mit Schwerpunkt auf PDA teilen. Wenn Eltern mit Wissen ausgestattet werden, können sie sich besser für ihr Kind einsetzen und aktiv zum gemeinschaftlichen Unterstützungsnetzwerk beitragen.

Die Anerkennung des Fachwissens von Eltern und Betreuern ist im Zusammenarbeitsprozess von entscheidender Bedeutung. Eltern sind oft die wichtigsten Fürsprecher ihrer Kinder und verfügen über wertvolle Einblicke in deren einzigartige Stärken, Herausforderungen und Vorlieben. Pädagogen sollten aktiv das Fachwissen der Eltern einholen und respektieren und sie als wichtige Partner auf dem Weg der Unterstützung anerkennen.

Durch die Erleichterung offener Diskussionen über die individuellen Bedürfnisse von PDA-Studenten wird ein umfassender und maßgeschneiderter Unterstützungsplan gewährleistet. Regelmäßige Check-ins und gemeinsame Treffen bieten Pädagogen und Eltern die Möglichkeit, Fortschritte, Anpassungen der Strategien und alle aufkommenden Bedenken zu besprechen. Dieser kontinuierliche Dialog erhöht die Flexibilität und Reaktionsfähigkeit der bereitgestellten Unterstützung.

Das Verstehen und Respektieren kultureller und familiärer Dynamiken trägt zu einer effektiven Zusammenarbeit bei. Pädagogen sollten bei der Zusammenarbeit mit Eltern und Betreuern kulturelle Nuancen, Familiendynamiken und individuelle Vorlieben berücksichtigen. Die Anpassung von Kommunikationsstilen und -strategien an den kulturellen Kontext fördert eine unterstützende und integrative Partnerschaft.

Darüber hinaus können Pädagogen eine Rolle dabei spielen, Eltern und Betreuer mit externen

Unterstützungsnetzwerken zu verbinden. Dies kann die Bereitstellung von Informationen über lokale Selbsthilfegruppen, Workshops oder auf PDA spezialisierte Fachkräfte umfassen. Die Erleichterung von Kontakten zu anderen Familien, die mit ähnlichen Herausforderungen konfrontiert sind, trägt zu einem breiteren Unterstützungsnetzwerk für Eltern und Betreuer bei.

Das Feiern großer und kleiner Erfolge stärkt die Zusammenarbeit zwischen Pädagogen und Eltern. Die Anerkennung von Erfolgen, Fortschritten und positiven Entwicklungen fördert das Gefühl gemeinsamer Erfolge. Regelmäßige Feierlichkeiten, sei es durch schriftliche Notizen, E-Mails oder informelle Treffen, tragen zu einer positiven und motivierenden Zusammenarbeit bei, die dem allgemeinen Wohlbefinden der PDA-Studenten zugute kommt.

Kapitel 6

Individualisierte Bildungspläne (IEPs) für PDA

Erarbeitung gezielter Ziele und Anpassungen

Die Erstellung effektiver individueller Bildungspläne (IEPs) ist von entscheidender Bedeutung für die Bereitstellung maßgeschneiderter Unterstützung für Schüler mit pathologischer Nachfragevermeidung (PDA).

Die Grundlage eines IEP für einen Studenten mit PDA liegt in der Entwicklung klarer und spezifischer Ziele. Ziele sollten mit einem tiefen Verständnis der individuellen Stärken, Herausforderungen und Vorlieben des Schülers formuliert werden. Akademische Ziele können Bereiche wie Sprachentwicklung, soziale Kommunikation, exekutive Funktionen und Verhaltensregulierung umfassen, wobei auch die spezifischen Anforderungen des Lehrplans berücksichtigt werden.

Soziale und emotionale Ziele sind im Kontext von PDA von größter Bedeutung, da die Herausforderungen erkannt werden, denen Einzelpersonen bei der Navigation in sozialen Interaktionen und dem Umgang mit Emotionen gegenüberstehen können. Ziele im Zusammenhang mit dem Aufbau sozialer Fähigkeiten, dem Verstehen von Emotionen und der Entwicklung von Bewältigungsstrategien tragen zur ganzheitlichen Entwicklung des Schülers bei. Die Festlegung sozialer Ziele, die auf das Wohlbefinden und Tempo des Einzelnen abgestimmt sind, fördert eine unterstützende und erreichbare Lernumgebung.

Zusätzlich zu den akademischen und sozialen Zielen sollten Pädagogen mit Spezialisten und Hilfspersonal zusammenarbeiten, um sensorische Ziele in das IEP zu integrieren. Unterschiede in der sensorischen Verarbeitung sind bei Personen mit PDA weit verbreitet, und Ziele im Zusammenhang mit sensorischer Regulierung und sensorischer Anpassung tragen zu einer integrativeren und entgegenkommenderen Lernumgebung bei.

Die Anpassungen innerhalb des IEP sollten auf die spezifischen Anforderungen zugeschnitten sein, die bei PDA-Personen Vermeidungsverhalten auslösen. Zu diesen Anpassungen können Änderungen der Lernumgebung, Anpassungen der Unterrichtsmethoden und Unterstützungsstrategien für den Umgang mit sensorischen Empfindlichkeiten gehören. Personalisierte Unterkünfte tragen zu einem zugänglichen und unterstützenden Bildungserlebnis für den Schüler bei.

Visuelle Unterstützung ist für Personen mit PDA eine integrale Unterstützung, und das IEP sollte ihre Einbindung in die Lernumgebung darlegen. Visuelle Zeitpläne, visuelle Hinweise und visuelle Unterstützung für die Kommunikation tragen zu Klarheit und Vorhersehbarkeit bei. Pädagogen sollten mit Spezialisten zusammenarbeiten, um die effektivsten visuellen Unterstützungen basierend auf den Vorlieben und Bedürfnissen des Einzelnen zu ermitteln.

Die Bereitstellung von Flexibilität bei Beurteilungen und Bewertungen ist eine weitere wichtige Maßnahme innerhalb des IEP. PDA-Personen können ihr Wissen und ihre Fähigkeiten auf eine Weise unter Beweis stellen, die von herkömmlichen Bewertungsmethoden abweicht. Die Einbeziehung alternativer Beurteilungen, die Bereitstellung zusätzlicher Zeit und die Bereitstellung einer ruhigen Umgebung für Tests sind Beispiele für Vorkehrungen, die dem einzigartigen Lernstil von Personen mit PDA gerecht werden.

Darüber hinaus sollte das IEP Strategien zur Bewältigung von Angst- und Vermeidungsverhalten skizzieren. Zu diesen Strategien können ein ausgewiesener Ruheraum für Pausen, der Zugang zu sensorischen Werkzeugen und explizite Kommunikationspläne zur Bewältigung von Anforderungen gehören. Durch die Zusammenarbeit mit dem Studierenden zur Entwicklung personalisierter Bewältigungsstrategien wird sichergestellt, dass das IEP nicht nur ein Dokument der Anpassung ist, sondern ein dynamisches Instrument, das sich mit den Bedürfnissen des Einzelnen weiterentwickelt.

Regelmäßige Kommunikation und Zusammenarbeit zwischen Pädagogen, Eltern und Spezialisten sind während der Ausarbeitung und Umsetzung des IEP unerlässlich. Durch den Input verschiedener Interessengruppen wird sichergestellt, dass die Ziele und Vorkehrungen umfassend sind und die allgemeinen Bedürfnisse des Schülers widerspiegeln. Die kontinuierliche Kommunikation ermöglicht Anpassungen basierend auf den Fortschritten des Schülers und sich ändernden Anforderungen.

Überwachung des Fortschritts und Anpassung von Plänen

Die Überwachung des Fortschritts und die Anpassung der IEPs sind kontinuierliche Prozesse, die für die Optimierung der Unterstützung und die

Berücksichtigung der sich ändernden Bedürfnisse von Studierenden mit Pathological Demand Vermeidung (PDA) unerlässlich sind.

Die regelmäßige Bewertung akademischer, sozialer und sensorischer Ziele ist von grundlegender Bedeutung für die Überwachung des Fortschritts von PDA-Studenten. Pädagogen sollten in Zusammenarbeit mit Spezialisten verschiedene Bewertungsinstrumente einsetzen, um Daten über die Leistungen und Herausforderungen des Schülers zu sammeln. Dies kann standardisierte Bewertungen, Beobachtungen und Portfolioüberprüfungen umfassen. Die laufende Beurteilung bietet einen umfassenden Überblick über die Entwicklung des Schülers und informiert über die Entscheidungsfindung für Anpassungen des IEP.

Individuelle Bewertungsmethoden sind für PDA-Studenten angesichts ihrer individuellen Lernstile und Vorlieben besonders wertvoll. Pädagogen sollten sich auf die Stärken und Interessen des Schülers einstellen und Beurteilungen einbeziehen, die auf seine Fähigkeiten abgestimmt sind. Dieser personalisierte Ansatz trägt zu einer genaueren Darstellung des Fortschritts des Schülers bei und stellt sicher, dass die Beurteilungen aussagekräftig und relevant für seinen Lernweg sind.

Zur kollaborativen Überwachung gehört die regelmäßige Kommunikation und der Input verschiedener Interessengruppen, darunter Pädagogen, Eltern, Spezialisten und der Schüler selbst. Fortschrittsbewertungen sollten nicht nur akademische Leistungen, sondern auch die soziale und emotionale Entwicklung umfassen. Kollaborative Meetings bieten die Möglichkeit, Erkenntnisse auszutauschen, Herausforderungen zu diskutieren und Strategien anzupassen, um die Unterstützung zu verbessern und kontinuierliche Fortschritte zu fördern.

Bei der Überwachung des Fortschritts spielen die Datenerhebung und -dokumentation eine zentrale Rolle. Durch die Führung detaillierter Aufzeichnungen über die Leistungen, Herausforderungen und Verhaltensmuster des Schülers können Pädagogen Trends verfolgen und Bereiche identifizieren, die möglicherweise gezielter Unterstützung bedürfen. Durch die regelmäßige Überprüfung der Daten wird sichergestellt, dass Anpassungen des IEP auf fundierten Beobachtungen basieren und zum anhaltenden Erfolg des Studenten beitragen.

Flexibilität bei der Anpassung von Zielen und Unterkünften ist von entscheidender Bedeutung, um auf die sich ändernden Bedürfnisse von PDA-Studenten zu reagieren. IEPs sollten keine statischen Dokumente sein, sondern dynamische Werkzeuge, die sich mit dem Fortschritt und der Entwicklung des Schülers weiterentwickeln. Der Prozess der Anpassung von Plänen erfordert einen proaktiven und kollaborativen Ansatz, der eine kontinuierliche Kommunikation mit Eltern, Spezialisten und dem Schüler beinhaltet, um Erkenntnisse zu sammeln und fundierte Entscheidungen zu treffen.

Anpassungen des IEP können durch Veränderungen der schulischen Leistungen, der sozialen Interaktionen, der sensorischen Bedürfnisse oder des allgemeinen Wohlbefindens des Schülers veranlasst werden. Wenn ein Schüler beispielsweise in einem bestimmten Bereich erhebliche Fortschritte nachweist, kann das IEP aktualisiert werden, um neue Ziele widerzuspiegeln, die seine Fähigkeiten herausfordern und erweitern. Treten hingegen Herausforderungen auf, können Anpassungen darin bestehen, die Vorkehrungen zu verfeinern oder zusätzliche Unterstützungsstrategien einzuführen.

Regelmäßige Zielsetzungssitzungen, an denen der Schüler beteiligt ist, tragen zu einem gemeinschaftlichen und befähigenden Ansatz bei der Anpassung von Plänen bei. Das Einholen von Beiträgen der Schüler ermöglicht es ihnen, sich aktiv am Entscheidungsprozess zu beteiligen, und fördert so ein Gefühl der Entscheidungsfreiheit und Eigenverantwortung für ihren

Bildungsweg. Die Beiträge der Studierenden bringen wertvolle Perspektiven ein, die bei der Anpassung von Zielen und Anpassungen hilfreich sind.

Pädagogen sollten auf die möglichen Auswirkungen von Umweltfaktoren auf den Fortschritt des Schülers achten. Änderungen in der Lernumgebung, der Unterrichtsdynamik oder den Unterrichtsmethoden können die Wirksamkeit der bereitgestellten Unterstützung beeinflussen. Die Überwachung von Umweltfaktoren und die Vornahme notwendiger Anpassungen tragen zu einem ganzheitlichen Ansatz bei, der auf die vielfältigen Bedürfnisse von PDA-Studenten eingeht.

Darüber hinaus stellt die kontinuierliche berufliche Weiterentwicklung der Pädagogen sicher, dass sie über bewährte Verfahren und evidenzbasierte Strategien zur Unterstützung von Personen mit PDA informiert bleiben. Indem sie über aktuelle Forschungsergebnisse auf dem Laufenden bleiben und an relevanten Schulungsmöglichkeiten teilnehmen, können Pädagogen wirksame Strategien umsetzen und fundierte Entscheidungen über Anpassungen von IEPs treffen.

Kapitel 7

Unterrichtsstrategien und -techniken

Flexibilität im Unterricht umsetzen

Die Implementierung von Flexibilität im Unterricht ist ein grundlegender Aspekt bei der Schaffung einer integrativen und unterstützenden Unterrichtsumgebung für Schüler mit pathologischer Nachfragevermeidung (PDA).

Eine Schlüsselstrategie bei der Umsetzung von Flexibilität im Unterricht besteht darin, das individuelle Lerntempo jedes Schülers mit PDA zu erkennen und anzupassen. Herkömmliche Unterrichtsumgebungen folgen oft einem standardisierten Unterrichtstempo, Personen mit PDA können jedoch von einem individuelleren Ansatz profitieren. Pädagogen sollten auf die unterschiedlichen Geschwindigkeiten reagieren, mit denen PDA-Studenten Informationen verarbeiten und neue Konzepte beherrschen, und bei Bedarf zusätzliche Zeit und Unterstützung bereitstellen.

Eine weitere wirksame Strategie besteht darin, den Schülern Wahlmöglichkeiten zu bieten, wie sie ihr Lernen angehen und demonstrieren. PDA-Personen haben möglicherweise bevorzugte Methoden, sich mit Inhalten auseinanderzusetzen oder ihr Verständnis auszudrücken. Durch die Bereitstellung von Optionen für verschiedene Lernmodalitäten wie schriftliche Aufgaben, mündliche Präsentationen oder praktische Aktivitäten können die Schüler den Ansatz wählen, der ihren Stärken und ihrem Komfortniveau entspricht.

Die Einbeziehung von Flexibilität in die Aufgabenanforderungen ist wichtig, um Ängste abzubauen und Widerstandsverhalten zu vermeiden. PDA-Personen können mit strengen Anforderungen oder Anweisungen zu kämpfen haben, was zu einem erhöhten Stressniveau führt. Pädagogen können die Flexibilität fördern, indem sie Aufgaben als Auswahlmöglichkeiten formulieren oder sie weniger direktiv präsentieren. Anstatt beispielsweise einen direkten Befehl zu erteilen, kann das Anbieten von Optionen und das Aushandeln von Erwartungen PDA-Studenten stärken und zur aktiven Teilnahme ermutigen.

Darüber hinaus sollten Pädagogen in ihren Kommunikationsstilen anpassungsfähig sein, um den unterschiedlichen Bedürfnissen von PDA-Studenten gerecht zu werden. Während manche Personen von mündlichen Anweisungen profitieren, können andere von visuellen Hinweisen oder schriftlichen Informationen profitieren. Das Erkennen und Respektieren individueller Kommunikationspräferenzen trägt zu einem umfassenderen und effektiveren Unterrichtsansatz bei. Eine klare und unkomplizierte Kommunikation, ergänzt durch visuelle Unterstützung, trägt dazu bei, Unklarheiten zu reduzieren und das Verständnis zu fördern.

Differenzierter Unterricht ist eine Schlüsselstrategie bei der Bewältigung der unterschiedlichen Lernprofile in einem PDA-inklusiven Klassenzimmer. Pädagogen können Unterrichtsmethoden, Materialien und Bewertungen an unterschiedliche Leistungsniveaus und Interessen anpassen. Durch die Bereitstellung von Auswahlmöglichkeiten bei den Aufgaben, das Anbieten alternativer Lesematerialien und die Einbeziehung verschiedener Lehransätze, wie z. B. projektbasiertes Lernen oder kooperative Aktivitäten, werden die unterschiedlichen Bedürfnisse von PDA-Personen unterstützt.

Für PDA-Schüler ist die Schaffung einer strukturierten und dennoch flexiblen Routine innerhalb der Unterrichtsumgebung von Vorteil. Vorhersehbare Routinen tragen zum Gefühl der Sicherheit bei, aber Pädagogen sollten auch auf mögliche

Anpassungsbedarfe reagieren. Flexibilität in der Routine ermöglicht Anpassungen an die sich ändernden Bedürfnisse und Vorlieben von PDA-Personen und fördert so eine ausgewogene und unterstützende Lernumgebung.

Die Zusammenarbeit mit unterstützendem Personal wie Sonderpädagogen, Logopäden und Ergotherapeuten fördert die Umsetzung flexibler Unterrichtsstrategien. Diese Fachleute bringen Fachwissen mit, das den gesamten Unterrichtsansatz informieren und ergänzen kann. Regelmäßige Kommunikation und Zusammenarbeit tragen zu einem kohärenten und koordinierten Unterstützungssystem bei, das PDA-Studenten zugute kommt.

Darüber hinaus können Pädagogen Technologie als Werkzeug für flexiblen Unterricht nutzen. Die Einbindung von Bildungs-Apps, Multimedia-Ressourcen und interaktiven Plattformen bietet Möglichkeiten für vielfältiges Engagement und berücksichtigt unterschiedliche Lernstile. Technologie kann auch genutzt werden, um visuelle Unterstützung, interaktive Lektionen und virtuelle Erlebnisse zu schaffen, die das Unterrichtserlebnis für PDA-Personen verbessern.

Verwendung visueller Unterstützung

Der Einsatz visueller Unterstützung ist eine wirksame und wesentliche Strategie zur Schaffung einer unterstützenden Lernumgebung für Schüler mit Pathological Demand Vermeidung (PDA).

Visuelle Zeitpläne sind grundlegende visuelle Hilfsmittel, die eine strukturierte Darstellung des Tagesablaufs ermöglichen. PDA-Personen profitieren häufig von Vorhersehbarkeit und klaren Erwartungen, und visuelle Zeitpläne bieten eine greifbare Möglichkeit, die Abfolge der Aktivitäten im Laufe des Tages zu kommunizieren. Pädagogen können mit Schülern zusammenarbeiten, um personalisierte visuelle Zeitpläne zu erstellen und Bilder, Symbole oder schriftliche Hinweise zur Darstellung jeder Aufgabe oder jedes Übergangs einzubeziehen.

Visuelle Hinweise sind entscheidend für die Kommunikation von Erwartungen und Anweisungen. PDA-Personen haben möglicherweise Schwierigkeiten, nur verbale Informationen zu verarbeiten, und visuelle Hinweise dienen als zusätzliches Mittel zur Übermittlung von Nachrichten. Beispielsweise sorgt die Verwendung visueller Hinweise für Übergänge, etwa eines Countdown-Timers oder einer visuellen Aufforderung, die auf die nächste Aktivität hinweist, für

Klarheit und verringert die mit unerwarteten Änderungen verbundene Angst.

Visuelle Unterstützung für die Kommunikation erstreckt sich auch auf soziale Interaktionen im Klassenzimmer. Visuelle Hinweise wie Mimikdiagramme, visuelle Darstellungen von Emotionen oder soziale Skripte helfen PDA-Personen dabei, Emotionen zu verstehen und auszudrücken. Diese visuellen Hilfsmittel liefern konkrete Hinweise zur Bewältigung sozialer Situationen und tragen zur Entwicklung sozialer Kommunikationsfähigkeiten bei.

Grafische Organizer sind wertvolle visuelle Hilfsmittel zur Organisation von Informationen und zur Förderung der kognitiven Flexibilität. PDA-Personen können von visuellen Rahmen profitieren, die ihnen helfen, ihre Gedanken und Ideen zu strukturieren. Pädagogen können grafische Organisatoren wie Mindmaps, Diagramme oder Diagramme einführen, um das Verständnis, die Organisation und den Ausdruck von Informationen zu erleichtern. Durch die Anpassung grafischer Organisatoren an die Vorlieben einzelner PDA-Schüler wird sichergestellt, dass diese Tools zu ihren einzigartigen kognitiven Verarbeitungsstilen passen.

Visuelle Unterstützung ist besonders hilfreich, um Erwartungen und Konsequenzen zu verdeutlichen. Klare

und visuell dargestellte Regeln, Erwartungen und
Verhaltensrichtlinien tragen zu einer vorhersehbaren und
strukturierten Umgebung bei. Visuelle Erinnerungen an
erwartetes Verhalten und mögliche Konsequenzen bieten
PDA-Personen greifbare Hinweise, helfen beim
Verständnis sozialer Normen und fördern positives
Verhalten.

Die Einbeziehung visueller Unterstützung für
akademische Aufgaben verbessert die Zugänglichkeit
von Lehrmaterialien. Visuelle Hilfsmittel wie
Diagramme, Diagramme und Bilder können in den
Unterricht integriert werden, um Konzepte zu festigen
und das Verständnis zu erleichtern. Pädagogen können
visuelle Hilfsmittel verwenden, um komplexe
Informationen aufzuschlüsseln, wichtige Punkte
hervorzuheben und zusätzlichen Kontext bereitzustellen,
um so den visuellen Verarbeitungsstärken von
PDA-Schülern gerecht zu werden.

Personalisierte visuelle Unterstützungen bieten einen
individuellen Ansatz, um den spezifischen Bedürfnissen
von PDA-Studenten gerecht zu werden. Pädagogen
können mit jedem Schüler zusammenarbeiten, um
visuelle Unterstützung zu identifizieren und zu erstellen,
die seinen Vorlieben und Lernstilen entspricht. Dieser
kollaborative Prozess befähigt Studierende, indem er
ihnen ermöglicht, zur Entwicklung von Werkzeugen

beizutragen, die ihr Verständnis und Engagement verbessern.

Die konsequente Verwendung visueller Hilfsmittel ist entscheidend für deren Wirksamkeit. Pädagogen sollten eine Routine für die Integration visueller Unterstützung in verschiedene Aspekte der Lernumgebung etablieren. Die konsequente Verwendung fördert die Vertrautheit und Vorhersehbarkeit, stärkt die visuelle Struktur, die das Verständnis unterstützt und die Ängste von PDA-Personen verringert.

Visuelle Unterstützung kann über individualisierte Tools hinausgehen und umfassendere Präsentationen im Klassenzimmer und Umgebungsmodifikationen umfassen. Die Schaffung eines visuell organisierten und anregenden Klassenzimmers verbessert das allgemeine Lernerlebnis für PDA-Schüler. Visuelle Anzeigen, Etiketten und farbcodierte Systeme tragen zu einer visuell reichhaltigen Umgebung bei, die Organisation und Verständnis unterstützt.

Der Einsatz von Technologie zur visuellen Unterstützung bietet dynamische und interaktive Optionen. Bildungs-Apps, Multimedia-Präsentationen und virtuelle Plattformen können genutzt werden, um ansprechende visuelle Materialien zu erstellen. Die Technologie ermöglicht eine individuelle Anpassung und ermöglicht es Pädagogen, visuelle Unterstützungen an die spezifischen Bedürfnisse und Vorlieben einzelner PDA-Schüler anzupassen.

Pädagogen sollten auf die mögliche sensorische Wirkung visueller Hilfsmittel achten. Einige PDA-Personen haben möglicherweise eine erhöhte Empfindlichkeit gegenüber visuellen Reizen, und möglicherweise sind Anpassungen erforderlich, um eine visuell unterstützende Umgebung zu schaffen. Dabei können Faktoren wie Farbkontraste, Helligkeitsstufen und die Platzierung visueller Hilfsmittel im Klassenzimmer berücksichtigt werden.

Eine regelmäßige Evaluierung und Anpassung der visuellen Hilfsmittel stellt deren dauerhafte Relevanz und Wirksamkeit sicher. Da sich die Bedürfnisse und Vorlieben von PDA-Schülern weiterentwickeln können, sollten Pädagogen proaktiv Feedback einholen und notwendige Änderungen an visuellen Hilfsmitteln vornehmen. Dieser iterative Prozess trägt zu einem reaktionsschnellen und individuellen Ansatz bei der Implementierung visueller Unterstützung bei.

Kapitel 8

Umgang mit herausfordernden Verhaltensweisen

Deeskalationstechniken

Der effektive Umgang mit herausfordernden Verhaltensweisen ist ein entscheidender Aspekt bei der Schaffung einer unterstützenden und sicheren Lernumgebung für Schüler mit pathologischer Nachfragevermeidung (PDA).

Deeskalationstechniken sollen die Intensität einer Situation verringern und die Eskalation herausfordernder Verhaltensweisen verhindern. Diese Techniken erkennen die zugrunde liegenden Ursachen für herausforderndes Verhalten bei PDA-Personen, wie z. B. Angstzustände, Reizüberflutung oder Kommunikationsschwierigkeiten. Indem Lehrkräfte diese Auslöser verstehen und angehen, können sie eine ruhigere und unterstützendere Umgebung sowohl für den Schüler als auch für das gesamte Klassenzimmer schaffen.

Ein wichtiger Aspekt der Deeskalation ist die Aufrechterhaltung eines ruhigen und gelassenen

Auftretens. Pädagogen spielen eine entscheidende Rolle dabei, den emotionalen Ton in der Umgebung festzulegen, und wenn sie in herausfordernden Situationen ruhig bleiben, können sie eine weitere Eskalation verhindern. Dabei geht es darum, die eigenen Emotionen zu regulieren, eine ruhige und ruhige Stimme zu verwenden und eine konfrontative Körpersprache zu vermeiden. Eine gelassene Präsenz gibt dem Schüler Sicherheit und vermittelt ein Gefühl der Sicherheit.

Aktives Zuhören ist eine grundlegende Deeskalationstechnik, bei der den Sorgen und Gefühlen des Schülers volle Aufmerksamkeit geschenkt wird. Diese Technik erkennt die Perspektive des Einzelnen an, bestätigt seine Emotionen und zeigt Empathie. Durch aktives Zuhören vermitteln Pädagogen ein echtes Interesse daran, die Erfahrungen des Schülers zu verstehen, und legen so den Grundstein für eine gemeinsame Problemlösung und -lösung.

Die Bereitstellung von Auswahlmöglichkeiten und Alternativen ist eine Deeskalationsstrategie, die PDA-Personen stärkt und Widerstände verringert. In einer herausfordernden Situation vermittelt das Anbieten von Wahlmöglichkeiten oder alternativen Optionen dem Schüler ein Gefühl der Kontrolle. Dieser Ansatz erkennt ihre Entscheidungsfreiheit an und ermöglicht es ihnen, Entscheidungen innerhalb angemessener Parameter zu treffen, was eine positivere und kollaborativere Interaktion fördert.

Bei der Deeskalation ist eine klare und einfache Kommunikation von entscheidender Bedeutung. Die Verwendung einer klaren Sprache und die Vermeidung mehrdeutiger oder komplexer Anweisungen tragen dazu bei, Verwirrung und Ängste zu reduzieren. Pädagogen sollten Erwartungen klar kommunizieren und konkrete Informationen über die aktuelle Situation geben. Klarheit in der Kommunikation trägt zu einem vorhersehbaren und beherrschbaren Umfeld bei und unterstützt den Deeskalationsprozess.

Der strategische Einsatz visueller Hilfsmittel kann zur Deeskalation beitragen, indem er konkrete Hinweise und Erinnerungen liefert. Visuelle Zeitpläne, Hinweiskarten oder beruhigende visuelle Elemente können eingesetzt werden, um Informationen visuell zu vermitteln und verbale Anweisungen zu ergänzen. Diese Stützen dienen in Momenten erhöhter Belastung als visueller Anker, fördern das Verständnis und verringern die Wahrscheinlichkeit einer weiteren Eskalation.

Das Erkennen und Ansprechen sensorischer Auslöser ist für die Deeskalation herausfordernder Verhaltensweisen bei PDA-Personen von entscheidender Bedeutung. Sensorische Empfindlichkeiten können zu Angst- und

Vermeidungsverhalten beitragen, und Pädagogen sollten auf die sensorische Umgebung eingestellt sein. Durch die Änderung sensorischer Elemente wie Beleuchtung, Geräuschpegel oder Zugang zu sensorischen Hilfsmitteln kann eine angenehmere und beruhigendere Atmosphäre geschaffen werden.

Die Einrichtung eines ausgewiesenen ruhigen oder sicheren Raums im Klassenzimmer bietet eine proaktive Strategie zur Deeskalation. PDA-Personen können von einer Rückzugsmöglichkeit profitieren, in der sie ihre Emotionen und Sinneserfahrungen regulieren können. Dieser Raum sollte in Zusammenarbeit mit dem Schüler unter Berücksichtigung seiner Vorlieben für sensorische Elemente gestaltet werden und eine komfortable und beruhigende Umgebung bieten.

Kollaboratives Problemlösen ist eine Deeskalationstechnik, bei der gemeinsam mit dem Schüler nach Lösungen gesucht wird. Durch die Teilnahme an einem kollaborativen Dialog können Pädagogen und PDA-Personen die zugrunde liegenden Probleme identifizieren, die zu herausfordernden Verhaltensweisen beitragen, und für beide Seiten akzeptable Lösungsstrategien entwickeln. Dieser Ansatz stärkt den Schüler und fördert das Gefühl der Eigenverantwortung für sein Verhalten und seine Folgen.

Für Pädagogen ist es von entscheidender Bedeutung, eine Schulung in Deeskalationstechniken zu erhalten, um ihre Effektivität beim Umgang mit herausforderndem Verhalten zu verbessern. Schulungsprogramme können Pädagogen praktische Strategien, Einblicke in die besonderen Bedürfnisse von PDA-Personen und Anleitungen zur Schaffung einer unterstützenden und integrativen Lernumgebung bieten. Durch die kontinuierliche berufliche Weiterentwicklung wird sichergestellt, dass Pädagogen gut darauf vorbereitet sind, proaktiv und einfühlsam auf herausfordernde Verhaltensweisen zu reagieren.

Krisenmanagement und Sicherheitsprotokolle

Während proaktive Deeskalationstechniken für die Verhinderung und Milderung herausfordernder Verhaltensweisen unerlässlich sind, müssen Pädagogen auch darauf vorbereitet sein, effektiv auf Krisensituationen zu reagieren.

Krisenmanagement umfasst einen strukturierten und systematischen Ansatz zur Bewältigung von Situationen, in denen herausfordernde Verhaltensweisen so weit eskaliert sind, dass ein sofortiges Eingreifen erforderlich ist. Sicherheitsprotokolle sollen die physische und emotionale Sicherheit aller Beteiligten gewährleisten, wobei der Schwerpunkt auf der Verwendung von am wenigsten restriktiven Interventionen liegt und der Deeskalation, wann immer möglich, Vorrang eingeräumt wird.

Die Erstellung klarer und umfassender Krisenmanagementpläne ist ein grundlegender Schritt zur Förderung einer sicheren Lernumgebung. Diese Pläne sollten gemeinsam unter Einbeziehung von Pädagogen, Hilfspersonal, Spezialisten und Administratoren entwickelt werden. Auch der Input von Eltern und Betreuern ist wertvoll, um Krisenmanagementpläne auf die individuellen Bedürfnisse der PDA-Person abzustimmen.

Das erste Element des Krisenmanagements ist die Entwicklung klarer und spezifischer Krisenpräventionsstrategien. Diese Strategien zielen darauf ab, Auslöser und frühe Anzeichen einer Eskalation zu identifizieren, sodass Pädagogen proaktiv eingreifen können, bevor sich eine Krise ausbreitet. Zu den Präventionsstrategien können Änderungen der Lernumgebung, strukturierte Routinen, sensorische Anpassungen und personalisierte Unterstützungspläne gehören.

Schulung und berufliche Weiterentwicklung spielen eine entscheidende Rolle, um sicherzustellen, dass Pädagogen gut auf die Umsetzung von Krisenmanagement- und Sicherheitsprotokollen vorbereitet sind. Pädagogen sollten darin geschult werden, die Anzeichen eskalierenden Verhaltens zu erkennen, die individuellen Bedürfnisse von PDA-Personen zu verstehen und Deeskalationstechniken anzuwenden. Laufende Schulungsaktualisierungen helfen Pädagogen, über Best Practices und evidenzbasierte Ansätze auf dem Laufenden zu bleiben.

In Krisensituationen ist die Einrichtung von Kommunikationsprotokollen unerlässlich. Es sollten klare Kommunikationswege zwischen Pädagogen, Hilfspersonal, Administratoren und gegebenenfalls Eltern oder Betreuern eingerichtet werden. Eine effektive Kommunikation stellt sicher, dass sich jeder der Situation bewusst ist, seine Rollen versteht und die Bemühungen zur Bewältigung der Krise auf einheitliche und zeitnahe Weise koordinieren kann.

Die Zusammenarbeit mit externen Fachleuten wie Verhaltensspezialisten oder Fachleuten für psychische Gesundheit ist im Krisenmanagement wertvoll. Diese Fachleute können zusätzliche Einblicke, Anleitung zu Kriseninterventionsstrategien und Unterstützung bei der Entwicklung und Umsetzung von Krisenmanagementplänen bieten. Gemeinsame

Anstrengungen tragen zu einem ganzheitlichen und fundierten Ansatz zur Krisenreaktion bei.

Die Entwicklung individueller Krisenreaktionspläne ist für PDA-Personen von entscheidender Bedeutung. Diese Pläne sollten spezifische Strategien und Interventionen skizzieren, die auf die individuellen Auslöser und Vorlieben jedes Schülers zugeschnitten sind. Pädagogen und Betreuungspersonal sollten mit dem Schüler und seinem Betreuungsteam zusammenarbeiten, um einen Krisenreaktionsplan zu erstellen, der auf seine individuellen Bedürfnisse abgestimmt ist und ein Gefühl der Sicherheit fördert.

Bei Bedarf sollten körperliche Eingriffe mit größter Sorgfalt und unter Einhaltung der Sicherheitsprotokolle durchgeführt werden. Fixierung oder körperliche Intervention sollten nur als letztes Mittel eingesetzt werden, wenn die Sicherheit des Schülers oder anderer unmittelbar gefährdet ist. Pädagogen sollten eine spezielle Schulung in sicheren und geeigneten Techniken für körperliche Interventionen erhalten, um das Verletzungsrisiko zu minimieren.

Die Nachbesprechung nach der Krise ist ein entscheidender Bestandteil des Krisenmanagements. Nachdem eine Krisensituation gelöst wurde, sollten Pädagogen, Hilfspersonal und alle anderen beteiligten

Personen an einem Nachbesprechungsprozess teilnehmen. Dazu gehört, über den Vorfall nachzudenken, Faktoren zu identifizieren, die zur Krise beigetragen haben, die Wirksamkeit der Reaktion zu bewerten und Strategien zur Vermeidung ähnlicher Vorfälle in der Zukunft zu diskutieren. Nachbesprechungssitzungen fördern einen kontinuierlichen Lern- und Verbesserungszyklus und stellen sicher, dass Pädagogen ihre Krisenmanagementansätze auf der Grundlage realer Erfahrungen verfeinern können.

Bei der Krisenbewältigung von PDA-Personen ist die Einbeziehung eines traumabasierten Ansatzes von entscheidender Bedeutung. Herausfordernde Verhaltensweisen sind oft auf zugrunde liegende Ängste, sensorische Empfindlichkeiten oder vergangene traumatische Erfahrungen zurückzuführen. Pädagogen sollten darin geschult werden, Anzeichen eines Traumas zu erkennen und sensibel und verständnisvoll zu reagieren. Trauma-informiertes Krisenmanagement beinhaltet die Priorisierung des emotionalen Wohlbefindens des Schülers und den Einsatz von Strategien, die eine erneute Traumatisierung minimieren.

Regelmäßige Übungen und Übungssitzungen für Krisenszenarien helfen Pädagogen und Hilfspersonal, sich mit Krisenmanagementprotokollen vertraut zu machen. Die Durchführung simulierter Krisensituationen ermöglicht das praktische Üben, die Verfeinerung von Techniken und die Identifizierung von Bereichen mit Verbesserungspotenzial. Regelmäßige Übungen tragen dazu bei, das Selbstvertrauen und die Bereitschaft zu erhöhen, auf tatsächliche Krisensituationen zu reagieren.

Bei der Krisenbewältigung ist es von entscheidender Bedeutung, das Bedürfnis nach Sicherheit mit einem Trauma-informierten und möglichst restriktiven Ansatz in Einklang zu bringen. Pädagogen sollten Interventionen Priorität einräumen, die den Einsatz körperlicher Einschränkungen minimieren und sich auf Deeskalationstechniken konzentrieren. Ein personenzentrierter Ansatz, der die individuellen Bedürfnisse und Vorlieben des PDA-Individuums berücksichtigt, leitet die Entwicklung und Umsetzung von Krisenmanagementstrategien.

Es ist von entscheidender Bedeutung, sicherzustellen, dass Krisenmanagementpläne für alle Mitarbeiter zugänglich sind und effektiv kommuniziert werden. Die Mitarbeiter sollten wissen, wo sich Krisenreaktionsmaterialien, Notfallkontaktinformationen und Protokolle für die Suche nach zusätzlicher Unterstützung befinden. Ein gut kommunizierter und leicht zugänglicher Plan erhöht die Effizienz der

Krisenreaktion und fördert eine koordinierte Anstrengung aller Beteiligten.

Nach einer Krisensituation ist eine gründliche Überprüfung und Analyse unerlässlich. Dazu gehört die Bewertung der Wirksamkeit von Krisenmanagementstrategien, die Identifizierung etwaiger Verbesserungsbereiche und die entsprechende Aktualisierung der Krisenmanagementpläne. Ein kontinuierlicher Verbesserungsansatz stellt sicher, dass Krisenreaktionsstrategien auf der Grundlage der sich ändernden Bedürfnisse des PDA-Individuums und der gesamten Lernumgebung entwickelt werden.

Die Zusammenarbeit mit Eltern und Betreuern beim Krisenmanagement ist von unschätzbarem Wert. Der Austausch von Informationen über Krisenreaktionspläne, die Bereitstellung aktueller Informationen zu Vorfällen und die Einholung von Anregungen von Eltern oder Betreuern tragen zu einer kooperativen und unterstützenden Partnerschaft bei. Die Einbeziehung der Eltern gewährleistet ein umfassendes Verständnis der Bedürfnisse des PDA-Individuums und ermöglicht einen einheitlichen Ansatz zur Krisenprävention und -intervention.

Die regelmäßige Überprüfung und Aktualisierung von Krisenmanagementplänen ist ein dynamischer Prozess, der sich an den sich verändernden Bedürfnissen von PDA-Personen orientiert. Während die Schüler wachsen und sich weiterentwickeln, können sich ihre Auslöser, Vorlieben und Kommunikationsstile ändern. Daher sollten Krisenmanagementpläne unter Einbeziehung des Schülers, der Eltern, der Betreuer und des Bildungsteams regelmäßig überprüft werden, um eine dauerhafte Relevanz und Wirksamkeit sicherzustellen.

Kapitel 9

Entwicklung sozialer Kompetenzen

Erleichterung der Interaktion mit Gleichaltrigen

Die Erleichterung der Interaktion mit Gleichaltrigen ist eine Schlüsselkomponente der Entwicklung sozialer Kompetenzen für Personen mit pathologischer Nachfragevermeidung (PDA).

Ein grundlegender Aspekt der Erleichterung der Interaktion mit Gleichaltrigen ist die Förderung des Verständnisses der Klassenkameraden für PDA und seine einzigartigen Eigenschaften. Pädagogen können altersgerechte Diskussionen oder Präsentationen durchführen, um das Bewusstsein für PDA zu schärfen und dabei die Unterschiede in der sozialen Kommunikation, der sensorischen Verarbeitung und den individuellen Bedürfnissen ihrer Mitschüler mit PDA hervorzuheben. Steigendes Bewusstsein fördert Empathie und eine integrativere Atmosphäre im Klassenzimmer.

Strukturierte Peer-Support-Programme können implementiert werden, um PDA-Personen bei sozialen Interaktionen gezielt zu unterstützen. Durch die Zusammenführung eines Schülers mit PDA mit einem Peer-Buddy, der darin geschult wurde, seine Bedürfnisse zu verstehen und zu unterstützen, entsteht ein spezielles Unterstützungssystem. Peer-Buddys können helfen, Kommunikationslücken zu schließen, soziale Hinweise zu geben und eine positive Interaktion mit anderen Klassenkameraden zu ermöglichen.

Pädagogen sollten integratives Verhalten im Klassenzimmer fördern und vorleben. Die Etablierung einer Kultur der Akzeptanz und des Respekts trägt zu einem einladenderen Umfeld für PDA-Personen bei. Zu integrativem Verhalten gehört die Förderung des aktiven Zuhörens, das Erkennen und Wertschätzen unterschiedlicher Kommunikationsstile sowie die Wertschätzung der Stärken und Beiträge jedes einzelnen Klassenteilnehmers, auch derjenigen mit PDA.

Es ist wichtig, strukturierte Möglichkeiten für soziale Interaktion im Klassenzimmer zu schaffen. Dies kann die Einbeziehung von Gruppenaktivitäten, Gemeinschaftsprojekten oder Partnerarbeit beinhalten, die PDA-Personen dazu ermutigt, sich mit Gleichaltrigen auszutauschen. Strukturierte Aktivitäten bieten einen Rahmen für soziale Interaktion und machen diese für

Personen mit PDA, die möglicherweise mit unstrukturierten sozialen Umgebungen zu kämpfen haben, vorhersehbarer und beherrschbarer.

Die Einführung eines Sozialkompetenztrainings für die gesamte Klasse kommt nicht nur Schülern mit PDA zugute, sondern auch ihren Mitschülern. In Sitzungen zu sozialen Kompetenzen können Themen wie effektive Kommunikation, das Verstehen von Emotionen und das Respektieren persönlicher Grenzen behandelt werden. Die Bereitstellung expliziter Anweisungen zu sozialen Erwartungen und die Ermöglichung offener Diskussionen hilft Klassenkameraden, Empathie zu entwickeln und verbessert ihre Fähigkeit, positiv mit Menschen mit PDA zu interagieren.

Pädagogen sollten alle Fälle sozialer Ausgrenzung oder Missverständnisse im Klassenzimmer aktiv überwachen und angehen. Durch schnelles Eingreifen in Situationen, in denen eine PDA-Person möglicherweise soziale Schwierigkeiten hat, wird eine Eskalation der Herausforderungen verhindert. Pädagogen können eine Kultur der Akzeptanz fördern, indem sie Missverständnisse ansprechen, eine offene Kommunikation fördern und den Wert der einzigartigen Beiträge jedes Schülers hervorheben.

Im Klassenzimmer können sinnesfreundliche soziale Räume eingerichtet werden, um den sensorischen Bedürfnissen von Personen mit PDA bei sozialen Interaktionen gerecht zu werden. Diese Räume können eine ruhigere und komfortablere Umgebung schaffen, die Reizüberflutung reduzieren und ein positiveres soziales Erlebnis fördern. Pädagogen können mit PDA-Personen zusammenarbeiten, um sensorische Zonen zu schaffen, die ihren Vorlieben entsprechen.

Die Implementierung sozialer Geschichten oder Rollenspielszenarien, die auf soziale Situationen zugeschnitten sind, hilft PDA-Personen dabei, die Interaktionen mit Gleichaltrigen zu steuern. Soziale Geschichten bieten einen visuellen und erzählerischen Leitfaden, der erwartete soziale Verhaltensweisen, Reaktionen auf bestimmte Situationen und mögliche Lösungen für soziale Herausforderungen beschreibt. Rollenspielaktivitäten bieten einen praktischen Ansatz, der es Menschen mit PDA ermöglicht, ihre sozialen Fähigkeiten in einer kontrollierten Umgebung zu üben und zu verfeinern.

Regelmäßige Check-ins mit PDA-Personen und ihren Mitschülern liefern wertvolle Einblicke in die Dynamik sozialer Interaktionen im Klassenzimmer. Pädagogen können individuelle Treffen abhalten, um die Erfahrungen, Sorgen und Erfolge von PDA-Personen zu verstehen und so eine unterstützende Beziehung zu fördern. Darüber hinaus ermöglichen Gruppendiskussionen den Klassenkameraden, ihre Perspektiven auszutauschen, Fragen zu stellen und zu einer kollaborativen und einfühlsamen Klassengemeinschaft beizutragen.

Das Würdigen und Hervorheben individueller Stärken im Klassenzimmer trägt zu einem positiven sozialen Umfeld bei. Pädagogen können den Schülern Gelegenheiten bieten, ihre Talente, Fähigkeiten oder Interessen zu präsentieren und so ein Gefühl des Stolzes und der Leistung zu fördern. Die Anerkennung und Wertschätzung der Vielfalt an Fähigkeiten fördert eine integrative Atmosphäre, in der sich Menschen mit PDA für ihre einzigartigen Beiträge wertgeschätzt fühlen.

Vermittlung sozialer Kompetenzen auf PDA-freundliche Weise

Das PDA-freundliche Vermitteln sozialer Kompetenzen erfordert ein Verständnis der besonderen sozialen Kommunikationsherausforderungen, mit denen Personen mit pathologischer Nachfragevermeidung (PDA) konfrontiert sind.

Eine der wichtigsten Überlegungen bei der Vermittlung sozialer Kompetenzen für Menschen mit PDA ist das Erkennen der Auswirkungen von Angst auf soziale Interaktionen. Angst, ein häufiges Merkmal von PDA, kann sich in sozialen Situationen verstärken und es für den Einzelnen schwierig machen, mit sozialen Hinweisen und Erwartungen umzugehen. Daher sollten Pädagogen einen geduldigen und verständnisvollen Ansatz verfolgen und die angstbedingten Herausforderungen anerkennen, denen Menschen mit PDA bei sozialen Interaktionen ausgesetzt sein können.

Die Implementierung visueller Unterstützung ist für die Vermittlung sozialer Fähigkeiten an PDA-Personen von entscheidender Bedeutung. Visuelle Hilfsmittel wie soziale Skripte, Cue-Cards oder visuelle Zeitpläne bieten konkrete und greifbare Referenzen für die Bewältigung sozialer Situationen. Diese Unterstützungen bieten einen visuellen Leitfaden für erwartete Verhaltensweisen, Kommunikationsstrategien und Schritte, die in verschiedenen sozialen Kontexten zu befolgen sind. Visuelle Unterstützung verbessert die Klarheit und Vorhersehbarkeit und trägt zu einer besser beherrschbaren und unterstützenden Lernerfahrung bei.

Der Einsatz direkter und expliziter Anweisungen ist für die Vermittlung sozialer Fähigkeiten an Personen mit PDA von entscheidender Bedeutung. Soziale

Erwartungen klar zu artikulieren, Schritt-für-Schritt-Anleitungen zu geben und konkrete Beispiele anzubieten, hilft Menschen mit PDA, soziale Regeln zu verstehen und zu verinnerlichen. Direkter Unterricht ist besonders effektiv, wenn es darum geht, Informationen direkt zu vermitteln, Unklarheiten zu reduzieren und Klarheit in sozialen Interaktionen zu fördern.

Die Einbeziehung der Interessen und Vorlieben von Personen mit PDA in den Unterricht sozialer Kompetenzen steigert das Engagement und die Motivation. Das Zuschneiden von Aktivitäten zur sozialen Kompetenz, die auf die individuellen Interessen des Einzelnen abgestimmt sind, fördert das Gefühl von Relevanz und persönlichem Engagement. Wenn ein Schüler beispielsweise ein besonderes Interesse an einem bestimmten Thema hat, kann die Integration verwandter sozialer Szenarien in den Unterricht die Lernerfahrung angenehmer und sinnvoller machen.

Individuelle Ziele und Pläne für soziale Kompetenzen tragen zu einem zielgerichteten und unterstützenden Ansatz bei. Durch die Zusammenarbeit mit dem Einzelnen können Pädagogen spezifische soziale Fähigkeiten identifizieren, auf die sie abzielen, und personalisierte Verbesserungsstrategien entwickeln. Dieser individualisierte Ansatz berücksichtigt die unterschiedlichen sozialen Kommunikationsprofile von Personen mit PDA und passt Interventionen an, um auf ihre individuellen Bedürfnisse einzugehen.

Rollenspielaktivitäten bieten eine praktische und praktische Methode zum Üben sozialer Fähigkeiten in einer kontrollierten Umgebung. Durch die Teilnahme an Rollenspielszenarien können Personen mit PDA soziale Interaktionen simulieren, mit verschiedenen Reaktionen experimentieren und in einer unterstützenden Umgebung Feedback erhalten. Rollenspielaktivitäten bieten die Möglichkeit, Fertigkeiten zu üben und das Selbstvertrauen bei der Anwendung sozialer Fähigkeiten in realen Situationen zu stärken.

Beim Scaffolding für die Entwicklung sozialer Kompetenzen geht es darum, Personen mit PDA strukturierte Unterstützung beim Erwerb und Üben neuer Fähigkeiten zu bieten. Pädagogen können die Unterstützung schrittweise reduzieren, wenn der Einzelne an Selbstvertrauen und Kompetenz gewinnt. Gerüste können das Modellieren, Auffordern oder Bereitstellen visueller Hinweise bei sozialen Interaktionen umfassen. Diese schrittweise Freigabe der Unterstützung hilft Personen mit PDA dabei, ihre sozialen Fähigkeiten unabhängiger zu gestalten.

Die Förderung des Selbstbewusstseins und der Reflexion ist ein wesentlicher Bestandteil der Entwicklung sozialer Kompetenzen für Menschen mit PDA. Pädagogen können Einzelpersonen dazu anleiten, über ihre eigenen sozialen Erfahrungen nachzudenken, Stärken und Verbesserungsmöglichkeiten zu identifizieren und persönliche soziale Ziele festzulegen. Die Entwicklung des Selbstbewusstseins fördert die Selbstregulierung und befähigt Menschen mit PDA, sich aktiv an der Entwicklung ihrer sozialen Fähigkeiten zu beteiligen.

Die Vermittlung sozialer Gegenseitigkeit oder des Gebens und Nehmens sozialer Interaktionen ist ein zentraler Schwerpunkt bei der Entwicklung sozialer Kompetenzen für Menschen mit PDA. Die Betonung der Bedeutung des gegenseitigen sozialen Austauschs hilft Menschen mit PDA, die Komplexität sozialer Beziehungen zu bewältigen. Pädagogen können durch explizite Anweisungen die Wechselwirkung von Gesprächen, Freundschaften und kooperativen Aktivitäten hervorheben. Diese Betonung der Gegenseitigkeit ermutigt Personen mit PDA, die Perspektiven und Bedürfnisse anderer in ihren sozialen Interaktionen zu berücksichtigen.

Die unterstützte und strukturierte Umsetzung realer sozialer Erfahrungen verbessert die Entwicklung sozialer Kompetenzen für Personen mit PDA. Pädagogen können

Gelegenheiten für soziale Interaktionen in einem kontrollierten Umfeld schaffen, sodass Einzelpersonen ihre sozialen Fähigkeiten üben und verallgemeinern können. Diese Erfahrungen können strukturierte Gruppenaktivitäten, Kooperationsprojekte oder gesellschaftliche Ausflüge mit klaren Richtlinien und Unterstützung umfassen.

Gruppen für soziale Kompetenzen bieten Personen mit PDA eine strukturierte und unterstützende Umgebung, in der sie soziale Kompetenzen in einer Gruppenumgebung erlernen und üben können. Diese Gruppen, die von Pädagogen oder Fachleuten mit Fachkenntnissen in der Entwicklung sozialer Kompetenzen geleitet werden, bieten eine Plattform für gezielten Unterricht, Gruppendiskussionen und interaktive Aktivitäten. Sozialkompetenzgruppen können spezifische soziale Herausforderungen angehen und eine gemeinsame Lernerfahrung bieten.

Der Einsatz von Technologie als Werkzeug zur Entwicklung sozialer Kompetenzen geht auf die Vorlieben und Interessen von Personen mit PDA ein. Lern-Apps, interaktive Software und virtuelle Simulationen bieten ansprechende Plattformen zum Üben und Festigen sozialer Kompetenzen. Technologie kann Personen mit PDA einen sicheren und kontrollierten Raum bieten, um mit sozialen Szenarien zu experimentieren, Feedback zu erhalten und Selbstvertrauen aufzubauen.

Die Förderung der Flexibilität in Bezug auf soziale Erwartungen ist wichtig, um die einzigartigen Kommunikationsstile von Personen mit PDA zu erkennen und zu berücksichtigen. Pädagogen können die Idee betonen, dass es keinen einheitlichen Ansatz für soziale Interaktionen gibt. Die Förderung der Flexibilität bei sozialen Erwartungen ermöglicht es Personen mit PDA, sich authentisch auszudrücken und gleichzeitig effektiv mit sozialen Normen umzugehen.

Bei der PDA-freundlichen Vermittlung sozialer Kompetenzen geht es darum, sich mit den Herausforderungen der Nachfragevermeidung auseinanderzusetzen. Personen mit PDA können sozialen Forderungen widerstehen oder diese meiden, was zu potenziellen Schwierigkeiten bei der Teilnahme an sozialen Aktivitäten führen kann. Pädagogen können Strategien wie die Bereitstellung von Wahlmöglichkeiten, das Aushandeln von Erwartungen und die schrittweise Einführung sozialer Forderungen anwenden, um Toleranz aufzubauen und Widerstand abzubauen.

Die Einbeziehung von Humor und Kreativität in den Unterricht sozialer Kompetenzen steigert das

Engagement und die Freude von Personen mit PDA. Humor kann als wertvolles Instrument zum Aufbau von Beziehungen, zur Förderung von Verbindungen und zur Schaffung einer positiven sozialen Atmosphäre dienen. Kreative und interaktive Aktivitäten wie Geschichtenerzählen, Rollenspiele oder die Erstellung von Projekten im Zusammenhang mit sozialen Fähigkeiten machen die Lernerfahrung angenehm und unvergesslich.

Die Förderung der Mentorschaft durch Gleichaltrige und die Vorbildfunktion für positives soziales Verhalten kommen Personen mit PDA zugute, da sie reale Beispiele für erfolgreiche soziale Interaktionen liefern. Pädagogen können Gleichaltrige identifizieren, die über starke soziale Fähigkeiten verfügen, und sie einladen, als Mentoren oder Vorbilder zu fungieren. Peer-Mentoring fördert das natürliche soziale Lernen und schafft Möglichkeiten für positive soziale Kontakte im Klassenzimmer.

Die Förderung einer wachstumsorientierten Denkweise bei der Entwicklung sozialer Kompetenzen ermutigt Menschen mit PDA, Herausforderungen als Chancen für Lernen und Verbesserung zu betrachten. Pädagogen können die Idee vermitteln, dass soziale Fähigkeiten wie alle anderen Fähigkeiten im Laufe der Zeit entwickelt und verfeinert werden können. Die Betonung des Werts von Anstrengung, Beharrlichkeit und Belastbarkeit bei der Entwicklung sozialer Kompetenzen fördert einen positiven und proaktiven Ansatz.

Für Personen mit PDA ist es wichtig, den Fortschritt regelmäßig zu bewerten und Erfolge bei der Entwicklung sozialer Kompetenzen zu feiern. Pädagogen können mit Schülern zusammenarbeiten, um realistische und erreichbare soziale Ziele festzulegen, Fortschritte zu verfolgen und Erfolge anzuerkennen. Die Anerkennung des Wachstums sozialer Kompetenzen stärkt das Selbstvertrauen und bestärkt die Vorstellung, dass Verbesserung ein kontinuierlicher und erreichbarer Prozess ist.

Kapitel 10

Inklusive Praktiken und Peer-Unterstützung

Förderung des Verständnisses unter Gleichaltrigen
Die Förderung des Verständnisses unter Gleichaltrigen ist ein entscheidender Aspekt bei der Schaffung eines integrativen Umfelds für Personen mit pathologischer Nachfragevermeidung (PDA).

Eine grundlegende Strategie zur Förderung des Verständnisses ist die Einführung einer altersgerechten Aufklärung über PDA im Klassenzimmer. Pädagogen können PDA als Teil der Neurodiversität einführen und dabei betonen, dass Personen mit PDA einzigartige Stärken und Herausforderungen in ihrer sozialen Kommunikation haben. Diese Schulung kann durch Unterrichtsdiskussionen, Präsentationen oder Gastredner vermittelt werden, um genaue Informationen bereitzustellen und Missverständnisse über PDA auszuräumen.

Durch die Einbeziehung persönlicher Erzählungen und Geschichten in Diskussionen im Klassenzimmer wird die Erfahrung von Personen mit PDA humaner. Der

Austausch von Geschichten über Belastbarkeit, Erfolge und alltägliche Erfahrungen bietet Klassenkameraden Einblicke in die gelebten Erfahrungen von Menschen mit PDA. Persönliche Erzählungen tragen dazu bei, Stereotypen abzubauen und fördern ein mitfühlenderes und empathischeres Verständnis für die Herausforderungen, denen sich Gleichaltrige mit PDA gegenübersehen.

Durch die Förderung der offenen Kommunikation und des Dialogs im Klassenzimmer entsteht ein integrativer Raum für die Diskussion über Neurodiversität, einschließlich PDA. Pädagogen können Fragen anregen, Diskussionen anregen und auf Bedenken von Klassenkameraden eingehen. Dieser offene Dialog ermöglicht eine gemeinschaftliche Lernerfahrung, bei der Klassenkameraden voneinander lernen, Perspektiven austauschen und zu einer unterstützenden und integrativen Unterrichtskultur beitragen können.

Die Teilnahme an interaktiven Aktivitäten, die die Erfahrungen von Personen mit PDA simulieren, kann das Einfühlungsvermögen unter Klassenkameraden fördern. Sensorische Simulationen, Rollenspielszenarien oder experimentelle Aktivitäten, die Aspekte von PDA-bezogenen Herausforderungen nachbilden, vermitteln Klassenkameraden aus erster Hand ein Verständnis für die sensorischen Empfindlichkeiten,

Ängste oder die Vermeidung von Forderungen, unter denen Menschen mit PDA leiden können. Diese Aktivitäten stellen eine greifbare Verbindung zu den Erfahrungen ihrer Mitschüler her.

Die Einbeziehung von Peer-Mentoren oder Botschaftern in den Unterricht fördert positive Interaktionen und Beziehungen zwischen Menschen mit PDA und ihren Mitschülern. Peer-Mentoren können Orientierung, Unterstützung und Freundschaft bieten und dabei helfen, potenzielle soziale Lücken zu schließen. Pädagogen können Einzelpersonen mit PDA mit Gleichaltrigen zusammenbringen, die eine Schulung zum Verständnis ihrer Bedürfnisse erhalten haben, und so ein natürliches Unterstützungssystem im Klassenzimmer schaffen.

Der Einsatz von visuellen Hilfsmitteln und Materialien zur Erklärung von PDA kann das Verständnis unter Klassenkameraden verbessern. Visuelle Ressourcen wie Diagramme, Diagramme oder Videos können die einzigartigen Aspekte von PDA veranschaulichen, einschließlich sensorischer Empfindlichkeiten, Kommunikationsschwierigkeiten und Nachfragevermeidung. Visuelle Hilfsmittel sind auf unterschiedliche Lernstile abgestimmt und bieten Klassenkameraden eine klare Referenz, um die Erfahrungen von Personen mit PDA besser zu verstehen.

Die Förderung von Diskussionen im Klassenzimmer über Vielfalt und Akzeptanz trägt zu einer Kultur des Verständnisses bei. Die Auseinandersetzung mit den Themen Empathie, Akzeptanz und Respekt vor Unterschieden fördert eine positive und integrative Denkweise unter den Klassenkameraden. Diese Diskussionen bieten Einzelpersonen die Möglichkeit, ihre Perspektiven auszutauschen, voneinander zu lernen und gemeinsam zu einer unterstützenden Lernumgebung beizutragen.

Durch die Durchführung von Peer-Sensibilisierungskampagnen innerhalb der Schulgemeinschaft wird das Bewusstsein für PDA geschärft und eine Kultur des Verständnisses gefördert. Diese Kampagnen können Poster, Präsentationen oder schulweite Veranstaltungen umfassen, die die Stärken und Herausforderungen von Personen mit PDA hervorheben. Durch die Einbeziehung der gesamten Schulgemeinschaft können Pädagogen eine breitere Kultur der Akzeptanz und Unterstützung für Neurodiversität schaffen.

Die Einbindung inklusiver Sprache in Unterrichtsdiskussionen trägt dazu bei, ein unterstützendes und respektvolles Umfeld zu schaffen. Pädagogen können eine integrative Sprache modellieren, indem sie die erste Sprache der Person verwenden und stigmatisierende Begriffe vermeiden. Die Ermutigung der Klassenkameraden, eine Sprache zu verwenden, die den Einzelnen hervorhebt, anstatt sich auf seinen Zustand zu konzentrieren, fördert eine Kultur des Respekts und der Würde im Klassenzimmer.

Die Organisation sozialer Aktivitäten, die die Interaktion und den Aufbau von Freundschaften zwischen Klassenkameraden fördern, trägt zum Zugehörigkeitsgefühl von Personen mit PDA bei. Strukturierte Gruppenaktivitäten, Gemeinschaftsprojekte oder gesellschaftliche Veranstaltungen schaffen Möglichkeiten für positives soziales Engagement. Diese Aktivitäten können so gestaltet werden, dass sie den Bedürfnissen und Vorlieben von Personen mit PDA gerecht werden und sicherstellen, dass sie sich im sozialen Umfeld einbezogen und wertgeschätzt fühlen.

Durch die regelmäßige Rücksprache mit Klassenkameraden über deren Verständnis und Gefühle gegenüber Neurodiversität, einschließlich PDA, können Pädagogen die Wirksamkeit inklusiver Praktiken beurteilen. Anonyme Umfragen oder offene Diskussionen liefern wertvolles Feedback zur Wirkung von Sensibilisierungsbemühungen und helfen dabei, Bereiche mit Verbesserungspotenzial zu identifizieren. Kontinuierliche Feedback-Mechanismen tragen zur kontinuierlichen Verbesserung inklusiver Praktiken im Unterricht bei.

Förderung einer Kultur der Inklusion

Die Förderung einer Inklusionskultur geht über die Sensibilisierung hinaus und beinhaltet die Schaffung eines Umfelds, in dem sich Menschen mit PDA wertgeschätzt, respektiert und vollständig in die Klassengemeinschaft integriert fühlen.

Durch die Festlegung klarer Erwartungen an integratives Verhalten im Klassenzimmer wird die Grundlage für eine Kultur der Inklusion geschaffen. Pädagogen können Erwartungen in Bezug auf Respekt, Empathie und Zusammenarbeit darlegen und dabei betonen, dass jeder Schüler, auch diejenigen mit PDA, ein integraler Bestandteil der Klassengemeinschaft ist. Klar kommunizierte Erwartungen bieten einen Rahmen für positive Interaktionen und fördern das Zugehörigkeitsgefühl.

Durch die Einbeziehung verschiedener Perspektiven und Stimmen in den Lehrplan wird eine integrativere Lernerfahrung für alle Schüler geschaffen. Pädagogen können Materialien, Literatur und Beispiele auswählen, die unterschiedliche Hintergründe, Fähigkeiten und Erfahrungen widerspiegeln. Dieser integrative Ansatz berücksichtigt die Vielfalt im Klassenzimmer und fördert das Gefühl der Repräsentation von Personen mit PDA und ihren Mitschülern.

Durch die Einführung eines auf Stärken basierenden Ansatzes werden die einzigartigen Talente und Fähigkeiten von Personen mit PDA anerkannt und gewürdigt. Pädagogen können die Stärken von Personen mit PDA aktiv hervorheben, sei es im kreativen Denken, bei der Problemlösung oder in bestimmten Interessenbereichen. Dieser Ansatz stärkt eine positive Erzählung, hinterfragt Stereotypen und fördert eine Kultur, in der die Beiträge jedes Schülers geschätzt werden.

Durch die Implementierung eines flexiblen und differenzierten Unterrichts wird den unterschiedlichen Lernstilen und Bedürfnissen von Personen mit PDA Rechnung getragen. Pädagogen können alternative Methoden zur Demonstration des Verständnisses bereitstellen, flexible Zeitpläne für Aufgaben anbieten oder unterschiedliche Unterrichtsstrategien integrieren. Durch die Differenzierung wird sichergestellt, dass Personen mit PDA auf eine Art und Weise auf den Lehrplan zugreifen können, die ihren Stärken und Vorlieben entspricht.

Die Einrichtung eines Buddy-Systems im Klassenzimmer fördert die Unterstützung durch Gleichaltrige und fördert positive Beziehungen. Pädagogen können Personen mit PDA mit einem Kumpel zusammenbringen, der mit ihren Bedürfnissen vertraut ist und bei Bedarf Hilfe anbieten kann. Das Buddy-System schafft ein natürliches Unterstützungsnetzwerk, das Klassenkameraden zur Zusammenarbeit ermutigt und sicherstellt, dass Personen mit PDA einen festen Verbündeten im Klassenzimmer haben.

Die Schaffung einer sinnesfreundlichen Umgebung unterstützt Menschen mit PDA, indem sie sensorische Empfindlichkeiten anspricht und ein angenehmeres Lernerlebnis fördert. Pädagogen können sensorische Modifikationen implementieren, wie z. B. einstellbare Beleuchtung, ruhige Räume oder Zugang zu sensorischen Werkzeugen, um den sensorischen Bedürfnissen von Personen mit PDA gerecht zu werden. Eine sensorisch freundliche Umgebung trägt zu einem integrativeren und zugänglicheren Klassenzimmer bei.

Die Förderung von Gemeinschaftsprojekten und Gruppenaktivitäten bietet Personen mit PDA die Möglichkeit, mit Gleichaltrigen zusammenzuarbeiten. Gemeinschaftsprojekte fördern den Sinn für Teamarbeit und ermöglichen es den Schülern, ihre einzigartigen

Stärken zu nutzen und zu gemeinsamen Zielen beizutragen. Diese Aktivitäten fördern positive soziale Interaktionen und schaffen eine Kultur, in der Vielfalt bei gemeinschaftlichen Unternehmungen geschätzt wird.

Beim Aufbau eines Peer-Support-Netzwerks geht es darum, Klassenkameraden darin zu schulen, Menschen mit PDA Hilfe und Verständnis zu bieten. Pädagogen können Peer-Support-Schulungen organisieren, die Themen wie effektive Kommunikation, Sinneswahrnehmung und Strategien zur Unterstützung von Klassenkameraden mit PDA abdecken. Peer-Support-Netzwerke schaffen eine Kultur, in der Klassenkameraden aktiv zur Inklusion und zum Wohlergehen ihrer Mitschüler beitragen.

Durch die Förderung der Fähigkeiten zur Selbstvertretung können Personen mit PDA ihre Bedürfnisse und Vorlieben im Klassenzimmer äußern. Pädagogen können mit Personen mit PDA zusammenarbeiten, um Selbstvertretungsstrategien zu entwickeln, z. B. durch den Einsatz von Kommunikationstools, die Bitte um sensorische Anpassungen oder die Teilnahme an Sitzungen zum individuellen Bildungsplan (IEP). Die Förderung der Selbstvertretung trägt zu einer Kultur bei, in der Personen mit PDA Entscheidungsfreiheit haben und als aktive Teilnehmer an ihrer Bildungserfahrung anerkannt werden.

Die Implementierung restaurativer Praktiken bei der Konfliktlösung fördert eine Kultur des Verständnisses und der Versöhnung im Klassenzimmer. Wenn Konflikte auftreten, können Pädagogen die Schüler durch erholsame Gespräche führen, bei denen Empathie, Kommunikation und Lösung im Vordergrund stehen. Wiederherstellungspraktiken fördern ein positives und integratives Umfeld, in dem sich Menschen mit PDA bei der Bewältigung von Herausforderungen gehört und unterstützt fühlen.

Das Feiern von Neurodiversität und Inklusion durch schulweite Veranstaltungen oder Initiativen stärkt eine Kultur der Akzeptanz. Sensibilisierungswochen, Versammlungen oder Projekte, die sich auf Neurodiversität konzentrieren, bieten der gesamten Schulgemeinschaft die Möglichkeit, sich für Inklusion einzusetzen. Diese Veranstaltungen schaffen ein gemeinsames Engagement für die Schaffung eines Umfelds, in dem sich jeder, unabhängig von Neurodivergenz, wertgeschätzt und einbezogen fühlt.

Um eine Feedbackschleife zur kontinuierlichen Verbesserung einzurichten, müssen Personen mit PDA, ihre Altersgenossen und Eltern um Input gebeten werden. Regelmäßige Feedback-Sitzungen oder Umfragen können durchgeführt werden, um Einblicke in die Wirksamkeit inklusiver Praktiken, Verbesserungsmöglichkeiten und Vorschläge zur Verbesserung der allgemeinen Inklusionskultur zu gewinnen. Durch die Einbindung aller Beteiligten wird sichergestellt, dass unterschiedliche Perspektiven zur kontinuierlichen Entwicklung eines inklusiven Bildungsumfelds beitragen.

Die Förderung einer Inklusionskultur geht über den Unterricht hinaus und bezieht Eltern und Betreuer mit ein. Pädagogen können Eltern aktiv in Diskussionen über integrative Praktiken einbeziehen, Informationen über PDA austauschen und Anregungen zu Strategien einholen, die zu Hause gut funktionieren. Die Zusammenarbeit zwischen Pädagogen und Eltern trägt zu einem ganzheitlichen und konsistenten Ansatz zur Inklusion bei und stärkt positive Praktiken in verschiedenen Umgebungen.

Die Gewährleistung der Zugänglichkeit physischer Räume und Ressourcen ist für die Schaffung einer integrativen Umgebung von entscheidender Bedeutung. Pädagogen können mit Administratoren zusammenarbeiten, um potenzielle Hindernisse im Schulumfeld, wie etwa barrierefreie Eingänge, Toiletten und Klassenzimmer, zu bewerten und zu beseitigen.

Barrierefreiheitsmaßnahmen tragen zu einer einladenden Atmosphäre bei, in der sich alle Personen, auch diejenigen mit PDA, bequem in der Schulumgebung zurechtfinden können.

Zum Aufbau eines Gemeinschaftsgefühls im Klassenzimmer gehört die Förderung positiver Beziehungen zwischen Schülern, Eltern und Pädagogen. Klassenveranstaltungen, Eltern-Lehrer-Konferenzen und Gemeinschaftsprojekte bieten Menschen mit PDA und ihren Mitschülern die Möglichkeit, auf persönlicher Ebene Kontakte zu knüpfen. Ein starkes Gemeinschaftsgefühl stärkt die Werte der Inklusion und kollektiven Unterstützung im Bildungsumfeld.

Die Einführung einer Null-Toleranz-Politik gegenüber Mobbing und Diskriminierung stärkt das Engagement für die Schaffung eines sicheren und integrativen Umfelds. Pädagogen können klare Erwartungen an respektvolles Verhalten kommunizieren, Mobbingfälle umgehend angehen und Ressourcen zur Konfliktlösung bereitstellen. Eine Null-Toleranz-Politik sendet ein starkes Signal, dass Diskriminierung oder Misshandlung von Schülern, auch solchen mit PDA, nicht toleriert wird.

Durch die Förderung studentischer Inklusionsinitiativen können Menschen mit PDA und ihre Kommilitonen eine aktive Rolle bei der Förderung einer Kultur der Akzeptanz übernehmen. Pädagogen können Schüler bei der Organisation von Clubs, Sensibilisierungskampagnen oder Veranstaltungen unterstützen, die sich auf Inklusivität und Neurodiversität konzentrieren. Von Studenten geleitete Initiativen bieten Personen mit PDA eine Plattform, auf der sie ihre Stärken und Beiträge präsentieren können.

Durch die Implementierung inklusiver Praktiken in Beurteilungen wird sichergestellt, dass Personen mit PDA die gleichen Möglichkeiten haben, ihr Verständnis unter Beweis zu stellen. Pädagogen können Flexibilität bei den Bewertungsformaten bieten, zusätzliche Zeit oder Unterkünfte anbieten und alternative Methoden zur Wissensbewertung in Betracht ziehen. Inklusive Beurteilungen spiegeln die Verpflichtung wider, die unterschiedlichen Lernstile und Bedürfnisse aller Schüler anzuerkennen und eine faire und zugängliche Bildungserfahrung zu fördern.

Die regelmäßige Überprüfung und Stärkung inklusiver Praktiken durch berufliche Weiterentwicklungsmöglichkeiten für Pädagogen trägt zur Nachhaltigkeit einer inklusiven Kultur bei. Workshops, Schulungen oder gemeinsame Diskussionen mit Schwerpunkt auf Neurodiversität, PDA und inklusiven Lehrstrategien bieten Pädagogen fortlaufende

Unterstützung und Ressourcen. Möglichkeiten zur beruflichen Weiterentwicklung tragen zu einer kontinuierlichen Lernumgebung bei, die sich mit den sich ändernden Bedürfnissen der Studierenden weiterentwickelt.

Kapitel 11

Berufliche Weiterentwicklung für Pädagogen

Schulungen und Ressourcen zur PDA-Sensibilisierung

Die berufliche Weiterentwicklung von Pädagogen spielt eine entscheidende Rolle bei der Schaffung einer integrativen und unterstützenden Lernumgebung für Personen mit pathologischer Nachfragevermeidung (PDA).

Es ist unerlässlich, die berufliche Entwicklung mit einer Grundausbildung zum PDA zu beginnen. Pädagogen profitieren von einem umfassenden Überblick über die Merkmale, Herausforderungen und Stärken von PDA. Diese Erstschulung legt den Grundstein für das Verständnis der besonderen Bedürfnisse von Schülern mit PDA und ermöglicht es Pädagogen, ihre Unterrichtsstrategien und Unterstützungsmechanismen entsprechend anzupassen.

Ausführliche Schulungen, die sich mit den differenzierten Aspekten der Nachfragevermeidung befassen, sind von entscheidender Bedeutung. Das Verständnis der Komplexität, wie Personen mit PDA auf Anforderungen reagieren und soziale Interaktionen steuern können, ermöglicht es Pädagogen, Herausforderungen vorherzusehen und proaktive Strategien umzusetzen. Diese Sitzungen können Themen wie Angstmanagement, sensorische Empfindlichkeiten und effektive Kommunikationsstrategien behandeln, die auf die Bedürfnisse von Personen mit PDA zugeschnitten sind.

Die Verwendung von Fallstudien und realen Szenarien in der Schulung verbessert die praktische Anwendbarkeit des PDA-Bewusstseins. Pädagogen können an Diskussionen und Analysen spezifischer Fälle teilnehmen und sich mit den vielfältigen Erfahrungen von Personen mit PDA in Bildungseinrichtungen befassen. Fallstudien liefern wertvolle Einblicke in die vielfältigen Erscheinungsformen von PDA und vermitteln Pädagogen ein tieferes Verständnis potenzieller Herausforderungen und wirksamer Interventionen.

Die Einbeziehung der Perspektiven von Menschen mit PDA und ihren Familien bereichert die berufliche Entwicklung. Gastredner, Podiumsdiskussionen oder aufgezeichnete Interviews mit Menschen mit PDA und ihren Familien berichten aus erster Hand über ihre Erfahrungen. Diese persönlichen Erzählungen vermenschlichen die mit PDA verbundenen Herausforderungen und Erfolge und fördern Empathie und eine tiefere Verbindung zur Lebensrealität der Betroffenen.

Pädagogen sollten mit einer Vielzahl von Lehr- und Verhaltensstrategien vertraut gemacht werden, die Menschen mit PDA unterstützen. Schulungssitzungen können die Implementierung visueller Unterstützung, differenzierter Anweisungen, sensorischer Anpassungen und positiver Verhaltensinterventionen umfassen. Die Ausstattung von Lehrkräften mit einem vielfältigen Toolkit an Strategien gewährleistet einen flexiblen und individuellen Ansatz zur Erfüllung der Bedürfnisse von Schülern mit PDA.

Gemeinsame Schulungsmöglichkeiten mit auf PDA spezialisierten Fachleuten tragen zu einem multidisziplinären Verständnis bei. Das Einladen von Psychologen, Therapeuten oder PDA-Experten zum Austausch ihrer Erkenntnisse und Fachkenntnisse erhöht die Tiefe der beruflichen Entwicklung. Kollaboratives Training fördert eine ganzheitliche Perspektive und bezieht verschiedene Disziplinen ein, um effektiv auf die komplexen Bedürfnisse von Personen mit PDA einzugehen.

In den Schulungen sollte die Intersektionalität von PDA mit anderen neurologischen Entwicklungsstörungen thematisiert werden. Pädagogen können auf Schüler mit PDA stoßen, die gleichzeitig an Erkrankungen wie ADHS, Autismus oder Angststörungen leiden. Für eine umfassende Unterstützung ist es von entscheidender Bedeutung, zu verstehen, wie diese Bedingungen zusammenwirken und sich gegenseitig beeinflussen. Die berufliche Weiterentwicklung sollte sich mit Strategien befassen, mit denen auf die besonderen Bedürfnisse von Personen mit Doppel- oder Mehrfachdiagnosen eingegangen werden kann.

Kontinuierliche Updates zu den neuesten Forschungsergebnissen und Entwicklungen im Bereich PDA stellen sicher, dass Pädagogen stets informiert und mit aktuellem Wissen ausgestattet sind. Die berufliche Weiterentwicklung sollte Lehrkräften die Möglichkeit bieten, sich mit relevanten Forschungsartikeln zu befassen, an Konferenzen teilzunehmen oder an Webinaren teilzunehmen. Indem sie über neue Erkenntnisse und Best Practices auf dem Laufenden bleiben, können Pädagogen ihre Ansätze auf der Grundlage des sich weiterentwickelnden Verständnisses von PDA verfeinern.

Die Erstellung eines Ressourcenarchivs zur ständigen Bezugnahme ist ein wertvoller Aspekt der beruflichen Weiterentwicklung. Pädagogen sollten Zugriff auf eine kuratierte Sammlung von Artikeln, Büchern, Websites und anderen Materialien haben, die detaillierte Informationen zu PDA bieten. Dieses Ressourcen-Repository dient als Anlaufstelle für Pädagogen, die zusätzliche Informationen, Strategien oder Perspektiven zur Unterstützung von Personen mit PDA suchen.

Simulierte Szenarien und Rollenspielübungen bieten Pädagogen praktische Erfahrungen bei der Anwendung von PDA-fähigen Strategien. Diese Übungen schaffen einen sicheren Raum für Pädagogen, um die Umsetzung von Unterstützungsstrategien zu üben, auf die Vermeidung von Forderungen zu reagieren und herausfordernde Situationen zu meistern. Rollenspiele verbessern die Übertragbarkeit von Wissen aus Schulungssitzungen auf reale Unterrichtsszenarien.

Die Erleichterung von Diskussionen und Foren unter Pädagogen fördert den Austausch von Erfahrungen und Erkenntnissen. Der Aufbau einer Praxisgemeinschaft, in der Pädagogen Herausforderungen besprechen, Erfolgsgeschichten teilen und Strategien austauschen können, fördert ein unterstützendes Netzwerk. Diese Diskussionen bieten eine Plattform für kontinuierliches Lernen und Zusammenarbeit und tragen zu einer gemeinsamen Anstrengung bei der Verfeinerung von PDA-integrativen Praktiken bei.

Peer-Mentoring innerhalb der Schulgemeinschaft kann ein wertvoller Bestandteil der beruflichen Weiterentwicklung sein. Erfahrene Pädagogen, die Schüler mit PDA erfolgreich unterstützt haben, können als Mentoren für ihre Kollegen fungieren. Beim Peer-Mentoring geht es darum, praktische Erkenntnisse auszutauschen, Anleitung zu geben und Unterstützung auf der Grundlage von Erfahrungen aus erster Hand anzubieten und so eine kollaborative Lernumgebung zu schaffen.

Durch die Implementierung einer Feedbackschleife für die berufliche Weiterentwicklung können Pädagogen Beiträge zur Wirksamkeit von Schulungssitzungen leisten. Feedback-Mechanismen wie Umfragen oder Fokusgruppendiskussionen sammeln Erkenntnisse über die Erfahrungen, Vorlieben und wahrgenommenen Lücken von Pädagogen in der beruflichen Entwicklung. Dieser iterative Feedbackprozess ermöglicht eine kontinuierliche Verbesserung des Designs und der Durchführung von PDA-Sensibilisierungsschulungen.

Weiterbildungsmöglichkeiten

Fortbildungsmöglichkeiten stellen sicher, dass Pädagogen über die Weiterentwicklung des Wissens und die besten Praktiken bei der Unterstützung von Personen mit PDA auf dem Laufenden bleiben.

Durch die Teilnahme an Fortgeschrittenenkursen zu PDA erhalten Pädagogen Fachwissen, das über die grundlegende Sensibilisierungsschulung hinausgeht. Diese Kurse können sich mit fortgeschrittenen Themen wie Verhaltensanalyse, kognitiven Verhaltensinterventionen und individueller Bildungsplanung für Schüler mit PDA befassen. Fortgeschrittene Kurse vermitteln Pädagogen ein tieferes Verständnis evidenzbasierter Praktiken und Strategien, die auf die komplexen Bedürfnisse von Menschen mit PDA zugeschnitten sind.

Fortgeschrittene Schulungen sollten sich mit den Nuancen der Unterstützung von Schülern mit PDA auf verschiedenen Bildungsniveaus befassen. Pädagogen, die mit Schülern der Grund-, Mittel- oder Oberstufe arbeiten, können mit besonderen Herausforderungen und Entwicklungsaspekten konfrontiert werden. In der Fortbildung können altersspezifische Strategien, Unterrichtsmodifikationen und Verhaltensinterventionen untersucht werden, die für die besonderen Bedürfnisse der Schüler in verschiedenen Phasen ihrer Bildungsreise relevant sind.

Durch die Teilnahme an Konferenzen, die sich auf neurologische Entwicklungsstörungen, einschließlich PDA, konzentrieren, erhalten Pädagogen eine breitere Perspektive und eine Reihe von Experteneinblicken. Konferenzen bieten die Möglichkeit, an Workshops teilzunehmen, sich mit Forschern auszutauschen und mit Fachleuten mit unterschiedlichem Hintergrund in Kontakt zu treten. Die Teilnahme an Konferenzen fördert einen kollaborativen und interdisziplinären Ansatz zum Verständnis und zur Unterstützung von Menschen mit PDA.

Die Teilnahme an Webinaren und Online-Kursen bietet Pädagogen, die nach kontinuierlichen Weiterbildungsmöglichkeiten suchen, Flexibilität. Online-Plattformen bieten bequemen Zugriff auf spezielle Inhalte und ermöglichen es Pädagogen, in ihrem eigenen Tempo zu lernen. Webinare mit PDA-Experten, interaktive Module und virtuelle Kurse tragen zur kontinuierlichen beruflichen Weiterentwicklung bei, insbesondere für Pädagogen mit vollen Terminkalendern.

Durch die Teilnahme an Aktionsforschungsprojekten innerhalb der Schulgemeinschaft können Pädagogen ihr Wissen in einem realen Kontext anwenden und verfeinern. Bei der Aktionsforschung geht es darum, spezifische Herausforderungen systematisch zu untersuchen oder Interventionen umzusetzen, Daten zu sammeln und über Ergebnisse zu reflektieren. Durch die Beteiligung an Aktionsforschung können Pädagogen zur Entwicklung evidenzbasierter Praktiken in ihrem eigenen Bildungsumfeld beitragen.

Die Zusammenarbeit mit Fachleuten aus anderen Disziplinen, wie Logopäden, Ergotherapeuten oder Psychologen, verbessert das Verständnis der Pädagogen für die mehrdimensionale Natur der PDA. Gemeinsame Weiterbildungssitzungen und Gemeinschaftsprojekte fördern die interdisziplinäre Zusammenarbeit und ermöglichen es Pädagogen, Erkenntnisse aus verschiedenen Bereichen in ihre Unterstützungsstrategien für Menschen mit PDA zu integrieren.

Weiterbildungsmöglichkeiten sollten Aktualisierungen über Änderungen in der Bildungspolitik und -vorschriften im Zusammenhang mit Neurodiversität umfassen. Wenn Sie über rechtliche Rahmenbedingungen, Unterbringungsanforderungen und sich entwickelnde Bildungsrichtlinien informiert bleiben, können sich Pädagogen wirksam für die Rechte und Bedürfnisse von Schülern mit PDA einsetzen. Kontinuierliche Weiterbildung in diesem Bereich versetzt Pädagogen in die Lage, Verwaltungsprozesse zu steuern und die Rechte neurodivergenter Schüler zu wahren.

Die Teilnahme an Lerngruppen oder Buchclubs, die sich auf Literatur zu PDA und Neurodiversität konzentrieren, bietet Pädagogen eine kollaborative und reflektierende Lernumgebung. Pädagogen können Schlüsseltexte, Forschungsartikel oder relevante Literatur auswählen, um sie in der Gruppe zu erkunden. Regelmäßige Diskussionen ermöglichen es den Teilnehmern, Erkenntnisse auszutauschen, Perspektiven auszutauschen und gemeinsam ihr Verständnis von PDA zu vertiefen. Studiengruppen tragen zu einer Kultur des kontinuierlichen Lernens und der gegenseitigen Unterstützung unter den Pädagogen bei.

Die Zusammenarbeit mit lokalen oder nationalen Organisationen, die sich der Neurodiversität und PDA-Interessenvertretung widmen, verbessert den Zugang von Pädagogen zu Ressourcen und Networking-Möglichkeiten. Diese Organisationen bieten häufig Workshops, Seminare und Ressourcen an, die speziell auf Pädagogen zugeschnitten sind. Die Zusammenarbeit mit Interessengruppen verbindet Pädagogen mit einer breiteren Gemeinschaft von Fachleuten, Eltern und Fürsprechern und fördert so ein gemeinsames Engagement für die Förderung des Verständnisses und der Unterstützung für Menschen mit PDA.

Die Bereitstellung von Möglichkeiten für Pädagogen, ein Aufbaustudium oder eine Zertifizierung im Bereich Neurodiversität zu absolvieren, stärkt ihr Fachwissen und ihre Qualifikationen. Fortgeschrittene Abschlüsse oder Zertifizierungen in Sonderpädagogik, angewandter Verhaltensanalyse oder verwandten Bereichen bieten Pädagogen ein umfassendes Verständnis evidenzbasierter Praktiken zur Unterstützung von Personen mit PDA. Diese fortgeschrittenen Qualifikationen tragen zu ihrer beruflichen Weiterentwicklung und ihrer Wirksamkeit bei der Berücksichtigung der unterschiedlichen Bedürfnisse neurodivergenter Studierender bei.

Durch die Einbeziehung erfahrungsorientierter Lernmöglichkeiten wie Job Shadowing oder Praktika können Pädagogen wirksame PDA-Unterstützungsstrategien in Aktion beobachten. Durch die Zusammenarbeit mit erfahrenen Fachleuten oder den Besuch von Schulen mit erfolgreichen PDA-Inklusivprogrammen können Sie Best Practices aus erster Hand kennenlernen. Erfahrungsbasiertes Lernen verbessert die Fähigkeit von Pädagogen, theoretisches Wissen in praktische, schülerzentrierte Interventionen in ihren eigenen Klassenzimmern umzusetzen.

Die Ermutigung von Pädagogen, ihr Wissen und ihre Erfahrungen durch Mentoring oder Schulungsmöglichkeiten weiterzugeben, trägt zu einer Kultur der gemeinschaftlichen beruflichen Weiterentwicklung bei. Erfahrene Pädagogen können als Mentoren für ihre Kollegen fungieren, indem sie Anleitungen zu PDA-integrativen Praktiken geben und Erkenntnisse aus ihren eigenen Erfahrungen weitergeben. Dieser gegenseitige Wissensaustausch fördert eine unterstützende Lerngemeinschaft innerhalb der Bildungseinrichtung.

Durch den Zugriff auf spezielle Ressourcen wie Online-Foren, Newsletter oder Zeitschriften mit Schwerpunkt auf PDA bleiben Pädagogen über die neuesten Forschungsergebnisse und Entwicklungen auf dem Laufenden. Das Abonnieren relevanter Publikationen und die Teilnahme an Online-Communities erleichtert kontinuierliches Lernen und Informationsaustausch. Der Zugang zu speziellen Ressourcen stellt sicher, dass Pädagogen über neue Erkenntnisse und innovative Ansätze zur Unterstützung von Personen mit PDA auf dem Laufenden bleiben können.

Der Aufbau von Partnerschaften mit Universitäten oder Forschungseinrichtungen, die Studien zur Neurodiversität durchführen, verbessert den Zugang von Pädagogen zu Spitzenforschung und Fachwissen. Durch die Zusammenarbeit mit Forschern können Pädagogen zur Entwicklung evidenzbasierter Praktiken beitragen und gleichzeitig Erkenntnisse aus den neuesten Forschungsergebnissen gewinnen. Diese Partnerschaften schaffen einen dynamischen Austausch zwischen Wissenschaft und praktischen Anwendungen im Bildungsumfeld.

Die Ermutigung von Pädagogen, eine professionelle Mitgliedschaft in Organisationen mit Bezug zu Neurodiversität oder Sonderpädagogik anzustreben, bietet fortlaufende Unterstützung und Networking-Möglichkeiten. Die Mitgliedschaft in Berufsverbänden verbindet Pädagogen mit einer breiteren Gemeinschaft und bietet Zugang zu

Konferenzen, Veröffentlichungen und Gemeinschaftsinitiativen. Die aktive Beteiligung an professionellen Mitgliedschaften fördert das Gefühl der beruflichen Identität und das Engagement für kontinuierliches Wachstum.

Die Förderung einer Kultur der Reflexion und Selbstbewertung unter Pädagogen trägt zur kontinuierlichen beruflichen Weiterentwicklung bei. Die Ermutigung von Pädagogen, regelmäßig über ihre Praktiken nachzudenken, Feedback einzuholen und Verbesserungsmöglichkeiten zu identifizieren, fördert einen proaktiven Ansatz für die berufliche Weiterentwicklung. Selbstbewertungstools, reflektierende Tagebücher oder Peer-Evaluationen können wertvolle Bestandteile eines kontinuierlichen Verbesserungsrahmens für Pädagogen sein, die Personen mit PDA unterstützen.

Abschluss

Zum Abschluss des Leitfadens zur Unterstützung von Personen mit pathologischer Nachfragevermeidung (PDA) in Bildungseinrichtungen ist es wichtig, die dauerhafte Bedeutung kontinuierlicher Interessenvertretung hervorzuheben. Interessenvertretung ist kein einmaliges Unterfangen; Vielmehr handelt es sich um eine kontinuierliche Verpflichtung, die Rechte und Bedürfnisse von Menschen mit PDA zu verstehen, sich einzufühlen und sich dafür einzusetzen. Als Pädagogen, Eltern, Fachkräfte und Fürsprecher spielen unsere gemeinsamen Bemühungen eine entscheidende Rolle bei der Gestaltung integrativer Umgebungen und der Förderung des Erfolgs von Menschen mit PDA.

Der Weg der Interessenvertretung beinhaltet in erster Linie den unermüdlichen Einsatz für die Sensibilisierung. Durch den kontinuierlichen Austausch von Wissen über PDA, das Aufräumen mit Mythen und die Förderung eines tieferen Verständnisses seiner Feinheiten tragen die Befürworter zum Aufbau einer informierteren und mitfühlenderen Gesellschaft bei. Dieses Bewusstsein beschränkt sich nicht auf die unmittelbare Gemeinschaft, sondern erstreckt sich auf politische Entscheidungsträger, Bildungseinrichtungen und die breite Öffentlichkeit und fördert eine Kultur der Akzeptanz und Unterstützung.

Kontinuierliche Interessenvertretung erfordert auch die Anpassung an sich entwickelnde Erkenntnisse und Best Practices. Das Gebiet der Neurodiversität, einschließlich PDA, ist dynamisch und die Forschung deckt ständig neue Facetten dieser Erkrankungen auf. Fürsprecher müssen über die neuesten Entwicklungen informiert bleiben, sich mit aktuellen Forschungsergebnissen befassen und neue Strategien in ihre Interessenvertretungsbemühungen integrieren. Diese Verpflichtung, mit den Fortschritten Schritt zu halten, stellt sicher, dass die Interessenvertretung relevant und effektiv bleibt und auf die sich ändernden Bedürfnisse von Personen mit PDA abgestimmt bleibt.

Zusammenarbeit ist ein Eckpfeiler wirksamer Interessenvertretung. Der Aufbau starker Partnerschaften mit anderen Interessenvertretern, Pädagogen, Fachleuten und Community-Mitgliedern verstärkt die Wirkung von Interesseninitiativen. Durch die Bündelung von Ressourcen, den Austausch von Erfahrungen und die Förderung eines Gemeinschaftsgefühls schaffen Befürworter eine einheitliche Front, die positive Veränderungen bewirken kann. Zu den kooperativen Interessenvertretungsinitiativen können Sensibilisierungskampagnen,

Gemeinschaftsveranstaltungen und gemeinsame Bemühungen zur Bewältigung systemischer Herausforderungen gehören, mit denen Menschen mit PDA konfrontiert sind.

Darüber hinaus erfordert eine kontinuierliche Interessenvertretung Widerstandsfähigkeit gegenüber Herausforderungen. Fürsprecher können auf Widerstand, falsche Vorstellungen oder systemische Hindernisse stoßen, die Beharrlichkeit erfordern. Der Weg verläuft nicht immer linear, aber jeder Schritt vorwärts trägt zu einem integrativeren und unterstützenderen Umfeld bei. Das Feiern von Erfolgen, egal wie klein, und das Lernen aus Rückschlägen sind integrale Bestandteile nachhaltiger Interessenvertretung.

Bildung und berufliche Weiterentwicklung sind für Anwälte lebenslange Ziele. Während sich das Verständnis von PDA weiterentwickelt, müssen Befürworter aktiv nach Möglichkeiten suchen, ihr Wissen zu erweitern, sich kontinuierlich weiterzubilden und ihre Advocacy-Strategien zu verfeinern. Indem sie neugierig, aufgeschlossen und wachstumsorientiert bleiben, können Befürworter die Komplexität von PDA besser bewältigen und einen sinnvollen Beitrag zum Wohlergehen der Betroffenen leisten.

Letztendlich liegt die Ermutigung zu kontinuierlicher Interessenvertretung in der transformativen Kraft kollektiven Handelns. Jedes Gespräch, jede Präsentation und jede Interessenvertretungsinitiative trägt zu einem umfassenderen kulturellen Wandel hin zu Inklusivität und Verständnis bei. Indem sie sich beharrlich für die Bedürfnisse und Rechte von Personen mit PDA einsetzen, werden Befürworter zu Katalysatoren für positive Veränderungen in den Bildungssystemen, gesellschaftlichen Einstellungen und dem allgemeinen Wohlbefinden der Menschen mit PDA.

Der Weg mag herausfordernd sein, aber die Wirkung der Interessenvertretung ist tiefgreifend und nachhaltig. Mit einem Engagement für Bewusstsein, Zusammenarbeit, Belastbarkcit, kontinuierlicher Bildung und der Kraft kollektiven Handelns können Befürworter transformative Veränderungen herbeiführen und sicherstellen, dass Menschen mit PDA auf ihrem Bildungsweg und darüber hinaus angenommen, unterstützt und gestärkt werden.